Ingeborg Gleichauf
Ich habe meinen Traum

Für Eberhard

Ingeborg Gleichauf

Ich habe meinen Traum

Sieben Dichterinnen
und ihre Lebensgeschichte

Ingeborg Gleichauf, geboren 1953, studierte Germanistik und Philosophie in Freiburg. Ihre Dissertation schrieb sie über Ingeborg Bachmann. Sie ist in der Erwachsenenbildung tätig und verfasst daneben Buch-Rezensionen. Die Autorin lebt mit ihrem Mann und drei Töchtern in Freiburg.
Im Programm Beltz & Gelberg veröffentlichte sie bereits die Anthologie *Denken aus Leidenschaft. Sieben Philosophinnen und ihre Lebensgeschichte.*

www.beltz.de
© 2003 Beltz Verlag, Weinheim, Basel, Berlin
Programm Beltz & Gelberg
Alle Rechte vorbehalten
Bildnachweis im Anhang
Einband Dorothea Göbel
Neue Rechtschreibung
Gesamtherstellung
Druckhaus Beltz, 69494 Hemsbach
Printed in Germany
ISBN 3 407 80885 2
1 2 3 4 5   08 07 06 04 03

Inhalt

Vorwort
Wir träumen – wie gut, dass wir träumen[1]

Beruf: Dichterin. Was bedeutet das? Was heißt es für eine Frau, einen großen Teil ihrer Zeit mit Dichten zuzubringen? Wie reagieren die Umgebung und vor allem auch die männlichen Kollegen darauf und inwieweit lassen sich Dichterinnen davon beeinflussen? Dichten Frauen anders als Männer? Und vor allem: Wie sehen sie sich selbst und ihre ungewöhnliche Arbeit? Was bedeutet ihnen das Dichten?

All diese Fragen stellten sich die sieben für dieses Buch ausgewählten Dichterinnen auch. Ihren so unterschiedlichen Lebenswegen zu folgen führt mitten hinein in die Überlegung, was Leben und Dichten miteinander zu tun haben.

Bereits in der Antike, bei Sappho, können wir feststellen, wie das intensive Beobachten und Erleben der Alltagswirklichkeit die Phantasie anstachelt, sich nicht zufrieden zu geben mit den Gegebenheiten, sondern eine neue, dichterische Welt zu erschaffen, in der andere Maßstäbe gelten als die herkömmlichen. Diese Frau aus der Frühzeit der Literaturgeschichte hat sich nicht gescheut, all das in ihren Gedichten auszuspre-

---

1 Zitat von Emily Dickinson

7

chen, was ihr auf den Nägeln brannte und sie im Innersten aufgewühlt hat: die Macht patriarchalischer Traditionen, Liebe, Eifersucht, Tod, Krieg und Frieden.

In ganz ähnlicher Weise, wenn auch unter anderen geschichtlichen und persönlichen Umständen, hat die Russin Marina Zwetajewa versucht, die Gefühls- und Gedankenvielfalt in ihrem Innern zu bändigen und den Reichtum ihrer Sprache der äußeren Armut und dem politischen Unfrieden entgegenzusetzen.

Else Lasker-Schüler zog sich in die Bilderwelt ihrer jüdischen Ahnen zurück. Ihre überschießende Phantasie half ihr, als Jüdin in der Zeit des Nationalsozialismus nicht mit dem Träumen von einer besseren Zukunft aufzuhören. Die Gegenwelt zur wachsenden Müdigkeit und Resignation türmt sich in phantastischen Bildern voller Farbe und Licht.

Sehr viel realistischer war die Amerikanerin Djuna Barnes. Scharfzüngig und ironisch im Ausdruck, versteckte sie ihre eigene Verletzbarkeit in der Schilderung von Personen, die an den Ansprüchen und der Spießigkeit der eigenen Zeit genauso litten wie die Dichterin selbst. Sie erlaubte sich im Werk die Freiheit des kritischen Blicks.

Extrem schwer mit dem Ausleben des eigenen Freiheitsdrangs hatte es Annette von Droste-Hülshoff. Als unverheiratetes adliges, katholisch erzogenes Fräulein stieß sie überall an die Grenzen, die ihr Stand und

Gesellschaft aufzwangen. Umso beeindruckender ist ihre Fähigkeit, für den Traum von der Freiheit und die Sehnsucht nach einem ungebändigten Leben in ihren Gedichten eine Form gefunden zu haben, die bis heute fasziniert.

Unter einem ähnlichen Druck stand Emily Dickinson. Auch sie war fest verankert in ihrer stark konservativen Familie. Auch sie hat sich durch ihre Gedichte einen Freiraum geschaffen, in dem sie geschützt war und sich entfalten konnte.

Sylvia Plath hingegen hatte zusätzlich zur Macht gesellschaftlicher Konventionen mit ihrem eigenen Leistungsanspruch zu kämpfen. Immer perfekt sein zu wollen, das machte das Drama ihres kurzen Lebens aus. Dennoch befreite auch sie sich in der Arbeit ein Stück weit von den anderen und von der Fessel, mit der sie sich selbst drangsalierte.

Stärker als bei den männlichen Kollegen war für alle diese dichtenden Frauen der Anspruch, der von außen an sie gestellt wurde. Jede von ihnen musste den Kampf gegen eine weitgehend phantasiefeindliche Umgebung aufnehmen und jede tat es auf ihre Weise. Außer Sappho hatten sie zu Lebzeiten alle Probleme mit der Veröffentlichung ihres Werks. Dabei spielten auf Seiten der Dichterinnen die Angst vor Unverständnis und Schmähung wie auch die Missgunst eines vorwiegend männlichen Lesepublikums eine Rolle.

Die Auswahl gerade dieser sieben Dichterinnen heißt nicht, dass es anderen besser ergangen wäre. Als Frau den Beruf der Dichterin zu wählen und dadurch eine Art Gegenwelt zur Realität der Tatsachen zu schaffen wurde zu allen Zeiten beargwöhnt. So verschieden die sieben auch sind, was sie verbindet, ist, dass sie sich im Reich der Phantasie ein Haus gebaut haben, das genügend Raum für die eigene Freiheit bietet.

»Und ich sehne mich und ich begehre«
Sappho (um 617/612 – 570/560 v. Chr.)

Man schreibt das Jahr 586 v. Chr. Eine etwa 22-jährige Frau aus adliger Familie kehrt in ihre Heimatstadt Mytilene auf der griechischen Insel Lesbos zurück. Drei Jahre lang hat sie im Exil auf Sizilien gelebt. Was mit ihrem Mann geschehen ist, weiß keiner genau, vielleicht ist er tot, vielleicht hat er sich aus dem Staub gemacht. Die Frau heißt Sappho. Geblieben ist ihr eine kleine Tochter, die den gleichen Namen trägt wie Sapphos Mutter: Kleis. Es ist wunderbar, wieder die Heimatluft zu riechen, alte Erinnerungen steigen auf an die Kindheit, an die Heirat, an die ersten Verse, die sie hier geschrieben hat. Sappho möchte nämlich unbedingt eine Dichterin sein, dazu fühlt sie sich von den Göttern bestimmt, besonders von Aphrodite, der Göttin der Liebe und der Schönheit. Außerdem will sie eine Schule für unverheiratete Frauen gründen, um sie in den Künsten zu unterrichten und auf das Eheleben vorzubereiten. Sie hat sich einiges vorgenommen und wird es nicht leicht haben, all ihre Pläne durchzusetzen.

Bis heute beanspruchen zwei Orte auf Lesbos, Geburtsstätte von Sappho zu sein: Eresos und Mytilene.

Sicher ist nur, dass Sappho bereits in früher Kindheit in Mytilene gelebt hat. Ihre Mutter, Kleis, stammt aus einem alteingesessenen Adelsgeschlecht. Ihre Ahnen haben seit jeher die Geschicke der Insel mitbestimmt. Das herrschende Gesellschaftssystem ist eine Oligarchie, auf Deutsch die »Herrschaft weniger«. Diese wenigen sind in der Regel die reichsten Leute. Der Vater von Sappho, Skamandronymos, kommt aus dem Gebiet von Ilion. Auch er ist von Adel und sehr wohlhabend.

Sappho ist Kleis' drittes Kind. Sie hat bereits zwei Söhne, den fünfjährigen Charaxos und den vierjährigen Erigyos. Zwei Söhne, das ist ein guter Anfang und so kann sich Skamandronymos nun auch über seine Tochter freuen. Er trägt sie stolz um den Herd des Hauses und hängt vor der Tür einen Wollstoff auf. So macht man es immer, wenn ein Mädchen geboren wird, während man bei der Geburt eines Jungen Ölzweige nimmt.

Von Geburt an ist klar: Das Mädchen Sappho wird auf ihre Rolle als Ehefrau und Mutter vorbereitet werden, während ihre Brüder ausgiebigen Unterricht genießen, in dem Geistes- und Körperkraft entwickelt werden. Tüchtigkeit, Tapferkeit und Zuverlässigkeit sind die männlichen Tugenden. Die meistgestellte Frage lautet: Wer ist der Beste und Schönste?

Keiner von Sapphos Brüdern, auch nicht der jüngste, nach ihr geborene Larichos, wird anders erzogen.

Mit Larichos spielt die kleine Sappho am liebsten. Er ist ein sanfter, zarter Junge, um den sie sich wie eine Mutter kümmert. Sie sind ständig zusammen.

Sappho liebt die Natur, sie genießt die Allgegenwart des Meeres, sein Rauschen, das sie Tag und Nacht hören kann. Sie atmet die vielen wunderbaren Düfte ein und freut sich an der Pflanzenvielfalt: Olivenhaine und Wiesen voller Aniskraut, die Apfelblüte im Frühling, der Sommer mit seinen Margeriten, Rosen, Malven und wildem Dill.

> *Das Wasser rinnt kühl*
> *Unter den Apfelzweigen, der Hang*
> *Liegt im Schatten der Rosenbüsche*
> *Von den zitternden Blättern herunter*
> *Senkt sich tiefer Schlaf*
> *Eine Wiese liegt dort, da weiden die Pferde*
> *Frühlingsblumen blühen, es riecht süß*
> *Nach Aniskraut.*[1]

Die Berge erheben sich schroff, es gibt zerklüftete Schluchten, Täler und Hügel. Im Sommer herrscht mittags eine große Hitze, so dass selbst die Kinder schläfrig werden und ihr Spiel im Freien einstellen. Umso herrlicher sind dafür die Abende und am schönsten sind die Nächte mit dem hohen, von Sternen übersäten Himmel. Wenn das wache, sensible Mädchen abends in ihrem Bett liegt, blickt es gern hinauf und staunt über die Weite. Müssten die vielen leuchtenden Sterne nicht gleich anfangen zu singen? Ihr ist, als höre sie eine leise Melodie, aber da ist sie auch schon eingeschlafen.

Manchmal erzählt die Mutter den Kindern etwas Spannendes. Eine auf Lesbos sehr bekannte und beliebte Geschichte ist die über den von den Göttern geliebten Sänger Orpheus. Nachdem er von Frauen in Thrakien getötet worden war, sollen Haupt und Leier an das Ufer der Insel Lesbos gespült worden sein. Frauen sollen seine Leier im Apollontempel aufgehängt haben. Daraufhin habe Apollon das Instrument des Orpheus als Sternbild an den Himmel versetzt.

Musik spielt eine große Rolle auf Lesbos. Die Mädchen werden von erfahrenen Lehrerinnen im Chorgesang geschult und auch die siebensaitige Leier soll hier erfunden worden sein.

> *Ein schrilles Lied spielt die Zikade*
> *Mit den Flügeln*
> *Verzaubert mit Musik die Sommerhitze*
> *Die große Glut*[2]

Sappho wächst in einer politisch spannenden Zeit auf. Zwar haben die adligen Sippen immer noch die größte Macht, aber neuerdings gewinnen vor allem auch die Gewerbe und Handel treibenden Schichten an Geltung, weil sie zu großem Reichtum gelangt sind. Daher besinnen sich die Adligen mehr denn je auf ihre traditionellen Werte, nämlich danach zu streben, alles am besten zu machen und sich vor anderen auszuzeichnen. Einige Männer sind von besonders großer Machtgier besessen. Regelrechte Rangstreitigkeiten werden entfacht. Einer, dessen Name immer häufiger genannt wird, ist Melanchros. Er kommt aus einer wohlhabenden und mächtigen Adelsfamilie und lebt in Antissa, der neben Mytilene bedeutendsten Stadt auf Lesbos. Melanchros geht diplomatisch vor, er kann überzeugende Reden halten und hat bald eine große Anhängerschaft. Aber es gibt auch erbitterte Gegner, unter ihnen die Familie Sapphos. Skamandronymos und Kamon, ein Bruder von Kleis, sind dabei, als verschwörerische Pläne gegen den Tyrannen geschmiedet werden. An der Spitze der Gruppe steht Pittakos. Er hat die 40 bereits überschritten und gilt als umsichtiger und tapferer Mann. Es gelingt tatsächlich, Melanchros zu töten. Bei dem Kampf stirbt allerdings auch Sapphos Vater. Kamon, der Onkel, kümmert sich nun um die Familie, denn ein männliches Oberhaupt und ein Vormund für die Kinder muss sein.

Sappho ist jetzt ungefähr sieben Jahre alt. Der älteste Sohn Charaxos bekommt einen Mentor, das ist ein älterer Mann von Stand, Ansehen und Bildung, der ihn in alle Dinge einführt, die er später wissen muss und braucht. Charaxos soll lernen, höflich zu sein, selbstbewusst und doch bescheiden aufzutreten und sich stets gut zu kleiden, er wird auf den Kriegsdienst vorbereitet und lernt durch den Mentor die körperliche Liebe kennen. Homosexualität oder, wie man sagt, die »Knabenliebe« ist ganz natürlicher Bestandteil der Erziehung.

Die neugierige Sappho beobachtet alles genau, Mutter und Onkel geben aber nur zögerlich Antwort auf ihre Fragen. Es leuchtet Sappho nicht ein, wieso nur Jungen eine solche Anleitung bekommen und die Mädchen nicht. Aber so ist es eben Sitte. Wer sollte das ändern? Um so intensiver stürzt sie sich in den musikalischen Unterricht. Sie singt und tanzt gern und begeistert sich für jede Art von Musik.

Währenddessen hat sich die politische Situation weiter verschärft. Nach dem Tod von Melanchros hat ein neuer Tyrann die Herrschaft übernommen: Myrsilos. Aus der Oligarchie ist endgültig eine echte Tyrannis geworden. Es gibt kein Zurück in oligarche Gesellschaftsstrukturen. Dennoch ist der Widerstand der alten Verschwörergruppe noch nicht gebrochen. Sie findet sich von neuem zusammen, um den Kampf für mehr Rechte aufzunehmen. Myrsilos festigt seine Macht von Tag zu Tag mehr. Auch in Sapphos Haus ist die Politik nun wieder Thema Nummer eins, die Männer, allen voran Kadmos, geben den Ton an. Sappho ist jetzt schon älter, sie ist bereits eine junge Frau, fühlt sich sehr allein und empfindet es als Unrecht, dass die Frauen von der Politik ausgeschlossen bleiben und still ihre Hausarbeit verrichten sollen.

Ein Mann allerdings ist anders als die anderen: der Dichter Alkaios. Zwar handeln seine Gedichte praktisch nur von blutigen Kämpfen und Festgelagen, aber immerhin fasst er seine Themen in Verse und Verse berauschen Sappho. Sie lauscht den Worten und Tönen mit Hingabe. Die Dichter im alten Griechenland schreiben ihre Verse nicht einfach auf, sondern singen sie, begleitet von der Leier, einem auserwählten, zumeist adligen Publikum vor. Es ist jedes Mal ein gesellschaftliches Ereignis, wenn eine »Dichterlesung« stattfindet. Sappho lässt sich das nie entgehen und hört mit klopfendem Herzen zu. Der Dichter und Sänger macht einen solchen Eindruck auf sie, dass sie später in ihren Hochzeitsversen den Bräutigam mit ihm vergleicht:

Ragt hervor wie der Sänger aus Lesbos
über die Fremden.[3]

Das Oberhaupt der Familie, Kamos, und Kleis, die Mutter, haben aber anderes mit Sappho vor. Das Dichten soll sie den Männern überlassen und stattdessen endlich heiraten. Chorgesang und Tanzen müssen den Frauen als Abwechslung und kleiner Ausflug in das Reich der Musen genügen. Die Worte zu Versen zu schmieden, das bleibt Sache der Männer. Sappho ist 14 Jahre alt und geschlechtsreif, höchste Zeit, den geeigneten Mann zu finden! Ein Mitspracherecht bei der Wahl haben die Mädchen nicht. Kamon hat sich für einen Fremden entschieden: Keryklas aus Andros, ein Kaufmann, der zehn Jahre älter als Sappho ist. Mit ihm wird Sappho verheiratet. Ehe, das bedeutet, Bett und Tisch zu teilen immer dann, wenn der Mann nicht gerade unterwegs ist auf Reisen, bei seinen Geschäften oder Freunden oder bei einer Hetäre in irgendeinem Hafenviertel. Sappho kann sich nicht vorstellen, dass das Warten auf den Mann die Erfüllung ihres Lebens sein soll, auch nicht, als sie ein Mädchen zur Welt bringt.

> *Meiner Tochter habe ich*
> *den Namen Kleis gegeben*
> *das Gold einer Blume und*
> *nicht für Krösus' Reich*
> *noch für anderes würde*
> *ich dich jemals hergeben*[4]

Auf Lesbos verändert sich die politische Lage wieder einmal: Der Anführer der Verschwörer, Pittakos, verbündet sich mit dem Tyrannen Myrsilos, und die widerständigen Adligen sind gezwungen, ihre Heimatinsel zu verlassen. Das bedeutet auch eine Konfiszierung ihres Vermögens.

Seit die Tyrannen viele in die Verbannung trieben,

trägt unsere Stadt die Spuren –

bös ist es da zugegangen.[5]

Als die Familie ins Exil nach Syrakus auf Sizilien aufbricht, ist Sappho etwa 18 Jahre alt. Ihrer Mutter bleibt die beschwerliche Schiffsreise erpart, denn sie ist kurz zuvor gestorben. Bevor das Schiff in See sticht, bringt jeder dem Meergott Poseidon ein Opfer, damit er alle beschütze.

Wahrscheinlich sind es Verwandte, bei denen Sapphos Familie unterkommt, ganz sicher weiß man das aber nicht.

Das Zusammenleben spielt sich in Syrakus ein wenig anders ab als in Mytilene. Die Trennung zwischen den Geschlechtern ist weniger stark ausgeprägt und auch die Dienerschaft lebt nicht so völlig abgetrennt von der Herrschaft. Die Mahlzeiten nehmen alle gemeinsam ein. Sappho sperrt Augen und Ohren weit auf. Bisher kennt sie nur Lesbos. Nun lernt sie zum ersten Mal, dass man auch andere Ansichten und Sitten haben kann als dort.

Die Eingewöhnung fällt der Familie nicht schwer. Vor allem Sapphos Bruder Charaxos findet schnell Anschluss. Er fühlt sich zum Kaufmann berufen und hat in der Exilheimat ein weites Betätigungsfeld.

Sizilien ist reich an Oliven, Obst, Nüssen, Holz und Wild. All diese Waren werden ausgeführt, um im

Tausch dafür zum Beispiel Töpferwaren aus Rhodos oder Athen zu bekommen.

Die Frauen sind wie auf Lesbos an Haus und Herd gebunden. Eine Besonderheit findet sich allerdings, die Sappho mächtig aufwühlt. Der Gott Dionysos wird begeisterter gefeiert als zu Hause und vor allem die Frauen sind intensiv in die Feiern mit einbezogen. Sappho hat bisher nur leise und hinter vorgehaltener Hand von diesem Gott der rauschhaften Entzückung reden hören. Man will die Frauen auf Lesbos wohl fern halten von ihm, weil er der Gott des Weines ist. Dabei hat Dionysos nicht nur etwas mit Rausch und Trunkenheit zu tun, sondern er beeinflusst ebenso das Wachstum in der Natur und gilt als Gott der Fruchtbarkeit. Die Art, wie der Dionysoskult auf Sizilien begangen wird, erscheint Sappho natürlicher als auf Lesbos.

In der Heimat hat sich inzwischen vieles getan. Myrsilos ist gestorben, Pittakos ist zum Alleinherrscher gewählt worden und bereitet eine Amnestie für die Verbannten vor. Sie sollen nach Hause kommen können. Nach etwa vier Jahren Verbannung freut sich Sappho darauf, die vertraute Erde wieder zu betreten, die Düfte ihrer Insel einzuatmen und Freunde wieder zu sehen. Außerdem hat sie sich vorgenommen, einem Kreis von heranwachsenden Mädchen das zu sein, was den Jungen der Mentor ist.

Es hat sich herumgesprochen, dass Pittakos ein relativ milde regierender Alleinherrscher ist. Die Adligen haben weiterhin ein Mitspracherecht, so dass Sapphos Brüder und der Onkel keine Angst haben müssen. Pittakos gilt als philosophischer Mensch, der erst denkt, bevor er handelt, nichts unbedacht tut und auch gegenüber seinen Feinden versucht, gerecht zu sein.

In allen Erzählungen über die Heimreise Sapphos und ihrer Familie fehlt der Ehemann. Über sein Verschwinden existieren keinerlei Zeugnisse.

Sappho lässt sich in Mytilene nieder. Was nun folgt, sind die spannendsten Jahre ihres Lebens. Sie erfüllt sich ihren größten Traum und gründet eine Art Internat für Mädchen. Die leben dort bis zu ihrer Heirat. Bisher kannte man eine solche Erziehung auf Lesbos nur für Jungen – von der Pubertät bis zum 18. Lebensjahr.

Diese Erziehung der Jungen dient Sappho als Vorbild. So etwas will sie auch für Mädchen anbieten, hat es sie doch schon lange gestört, dass man die Frauen unvorbereitet in die Ehe taumeln lässt. Sappho möchte das ändern. Sie kann sich gut vorstellen, das Dichten mit dem Erziehen zu verbinden. Sie findet, dass sie eine gesellschaftliche Aufgabe zu erfüllen hat und nicht nur im Stillen ihre Gedichte schreiben kann. Auftritte in der Öffentlichkeit sind noch äußerst selten. Die Gesellschaft muss sich erst daran gewöhnen, dass es neben Dichtern auch Dichterinnen gibt. Inmitten von Frauen, denen Sappho ihr Wissen und ihr

Können weitergibt, will sie leben. Auch die Frauen sollen teilnehmen können am Wettstreit um Schönheit und Weisheit. Wer ist die Schönste, die Anmutigste, wer tanzt und singt am besten? Sappho treibt ihre Schülerinnen an, auch das Letzte aus sich herauszuholen. All das geschieht für die Griechen unter den Augen ihrer Götter und Göttinnen. Für Sappho und ihre Schülerinnen ist Aphrodite die Hauptgöttin. Fruchtbarkeit, Schönheit, Sehnsucht und Verlangen sind ihre Gaben. Keiner, den sie auswählt, kann ihr entkommen. Dies ist das Schreckliche dieser Göttin. Wen sie mit Liebe beschenkt, der ist der Liebe ausgeliefert, dem nützt es nichts, sich zu wehren.

Bunten Thrones ewige Aphrodite
Kind des Zeus, das Fallen stellt, ich beschwör dich,
nicht mit Herzweh, nicht mit Verzweiflung brich mir,
Herrin, die Seele.

Nein, komm hierher, so du auch früher jemals
meinen Ruf vernommen und ganz von ferne
hörtest darauf und ließest des Vaters Haus, das
goldne, und kamst, den

Wagen im Geschirre. Dich zogen schöne
schnelle Spatzen über der schwarzen Erde,
flügelschwirrend, nieder vom Himmel durch die
Mitte des Äthers,

gleich zum Ziele. Du aber, Selig-Große,
lächeltest mit ewigem Antlitz und du
fragtest, was ich wieder erlitten, was ich
wiederum riefe,

was ich maßlos wünschte, daß mir geschähe,
rasend in der Seele. »Ja, wen soll Peitho
deinem Liebeswerben verführen, wer, o
Sappho, verschmäht dich?

Ist sie heut noch flüchtig, wie bald schon folgt sie,
ist sie Gaben abhold, sie selbst wird geben,
ist sie heut noch lieblos, wie bald schon liebt sie,
auch wenn sie nicht will.«

Komm zu mir auch jetzt; aus Beschwernis lös mich,
aus der Wirrnis; was nach Erfüllung ruft in
meiner Seele Sehnen, erfüll. Du selber
hilf mir im Kampfe.[6]

Die Dichterin ruft in ihrer Liebesnot Aphrodite zu
Hilfe. Sie stützt sich dabei auf die Erfahrung, die sie
früher bereits mit der Göttin gemacht hat. Aphrodite
ist ihr damals zur Seite gestanden, hat die von Sappho
Angebetete zum Lieben gebracht. Darauf baut Sappho nun. Aphrodite ist mächtig, aber sie erscheint
auch wie eine vertraute Freundin. Die Göttin hat
menschliche Züge, sie thront nicht nur in Erhabenheit

über den Menschen, sondern sie geht in der Welt ein und aus und die Menschen können ihr Einwirken direkt spüren.

Sapphos Gedicht hat einen ganz persönlichen Ton. Dennoch wird es im Kreis der Mädchen vorgetragen und, begleitet von einem Saiteninstrument, gesungen. Wahrscheinlich ist das Mädchen, dessen Liebe Sappho erringen will, sogar unter den Anwesenden. Die Dichterin wirbt öffentlich und erhofft sich hierbei die Hilfe der Göttin Aphrodite.

Zwischen Sappho und ihren Schülerinnen herrscht ein besonderes Verhältnis. Ohne gegenseitige Anziehung, ohne die Kraft des Eros kann man nicht lernen, Gefühle gehören dazu. »Eros« meint bei den Griechen nicht vorrangig Sexualität, sondern einfach das innige Streben nach etwas, das sehnlich erreicht werden soll. Zwischen dem, der strebt, und dem, was gewonnen werden muss, besteht eine Anziehungskraft, die »erotisch« genannt wird.

Sappho will also keine Autoritätsperson sein, die ihren Schützlingen Wissen einpaukt, sie an die kurze Leine nimmt und bestraft, wenn sie nicht gehorchen. Die Unterrichtsatmosphäre soll herzlich, liebevoll sein. Gegenseitige Hingabe ist die »Methode«, die eingeübt wird. Weil die Mädchen auf das Leben vorbereitet werden, muss die Atmosphäre, in der sie lernen, auch lebendig sein. Alles, was ihnen begegnen wird, muss jetzt schon vorkommen, damit sie es erkennen, wenn sie in die Ferne entlassen werden. Die Mädchen werden später heiraten, also sollten sie wissen, was das bedeutet. Sappho selbst ist unvorbereitet verheiratet worden, wer weiß, was sie dabei erfahren hat, wie der Mann sich verhielt, ob er ihr Freude oder Schmerz bereitete. Wir wissen es nicht, aber bestimmt hat die eigene Erfahrung Sappho darin bestärkt, anderen Frauen zu helfen, besser gerüstet zu sein.

So gehören zu ihrem poetischen Repertoire auch Hochzeitsgedichte. Der Ausdruck »lesbische Liebe« hat zwar seinen Ursprung bei Sappho und der Insel Lesbos, doch hat die Dichterin längst nicht nur Gedichte geschrieben, die der Liebe zwischen zwei Frauen gewidmet sind. Es ist wie bei der »Knabenliebe«, wo der junge Mann auch nicht auf ein homosexuelles Leben vorbereitet wird, sondern auf die Ehe. Für die griechische Erziehung ist Homosexualität ein erzieherisches Mittel und wird nicht als unmoralisch oder gar krankhaft verdammt.

(Zum Bräutigam)
Glücklicher Bräutigam, was du dir zur Hochzeit wünschtest,
ist nun erfüllt: du hast die Jungfrau, die du dir wünschtest.

(Zur Braut)
Du bist entzückend anzusehen, deine Augen …
süßer als süß, der Liebe voll die begehrten Züge.

(Zum Bräutigam)
… geehrt hat hoch dich die Aphrodite.[7]

Dass Männer ihr Leben vor allem auf den Beruf und auf die Politik ausrichten, das kennt die Dichterin seit ihrer Kindheit. So war der Vater, so sind die Brüder, die männlichen Verwandten und Freunde. Wenn es etwas für sie zu verherrlichen gibt, so ist es der Krieg, sind es Waffen, Reiterheere und Säbelgerassel. Für die Frauen sollte etwas anderes im Vordergrund stehen.

> *Die einen sagen: eine Truppe von Reitern,*
> *andere wieder: Fußvolk oder eine Flotte von Schiffen*
> *sei auf der dunklen Erde das Schönste – ich aber sage:*
> *das, was ein jeder lieb hat.*[8]

Sappho setzt sich ab gegen die rein von Männern geprägte Kultur ihrer Heimat. Etwas zu lieben, darauf kommt es an. Schön ist das, was geliebt wird. Die Dichterin Sappho hat sich ganz und gar der Liebe verschrieben. Sie nimmt alles in Kauf, was Aphrodites Macht mit sich bringt, und sie beschwört es in den Gedichten, damit die anderen davon erfahren, sich darin wiederfinden können, bestärkt werden im Nacheifern.

Die Wirkung der Liebe beschreibt Sappho im Detail. Sie lässt kein »Symptom« aus, weder die körperlichen Veränderungen wie Schweißausbruch und Rotwerden noch die Seelenqual und die Freude, sie beschreibt Leidenschaft und Mutlosigkeit, Glück und Eifersucht.

> *Scheinen will mir, er komme gleich den Göttern,*
> *jener Mann, der dir gegenüber nieder-*
> *sitzen darf und nahe den süßen Stimmen-*
> *zauber vernehmen*
>
> *und des Lachens lockenden Reiz. Das läßt mein*
> *Herz im Innern mutlos zusammenkauern.*
> *Blick ich dich ganz flüchtig nur an, die Stimme*
> *stirbt, eh sie laut ward,*
>
> *ja, die Zunge liegt wie gelähmt, auf einmal*
> *läuft mir Fieber unter der Haut entlang, und*
> *meine Augen weigern die Sicht, es über-*
> *rauscht meine Ohren,*
>
> *mir bricht Schweiß aus, rinnt mir herab, es beben*
> *alle Glieder, fahler als trockne Gräser*
> *bin ich, einer Toten beinahe gleicht mein*
> *Aussehn ...*
>
> *Aber alles trägt sich noch, da ...*[9]

Wie man aushält, was die Liebe mit einem anrichtet, bleibt für uns ungeklärt, weil das Gedicht, wie die meisten Texte Sapphos, nur fragmentarisch erhalten ist. Aber allein dass überhaupt angesprochen wird, wie man mit dem totalen Überfallenwerden durch die Leidenschaft umgehen kann, zeigt, dass die Liebe für Sappho nicht etwas ist, was die Person zerstört. Es gibt eine Kraft, die hilft, nicht zusammenzubrechen unter der Stärke der Empfindungen. Vielleicht erleben die Zuhörer etwas von der Erschütterung, während sie dem Vortrag des Gedichtes lauschen. Sappho übt eine große Wirkung aus, wenn sie, sich selbst auf ihrem Instrument begleitend, das Gedicht singt. Sie wird von allen gerühmt. Man ehrt sie bereits zu Lebzeiten als große Dichterin. Auch Männer hören ihr gern zu, leben sie doch selbst in dieser griechischen Welt, die den Eros als umfassende Macht anerkennt. Auch wenn sie gern Waffen tragen und den Geschichten von Eroberungen und großen Seeschlachten zuhören, so erkennen sie doch die Liebe als bedeutendes Element einer Erziehung zum guten Menschen an. Der Eros gehört zum Leben wie Essen und Trinken, das gilt für Männer und Frauen. Sich zu sehnen und zu begehren ist dem Menschen eingepflanzt und soll gefördert, nicht unterdrückt werden.

Sappho lebt zwar hauptsächlich im Kreis ihrer Schülerinnen, aber sie hat auch weiterhin regen Kontakt mit ihrer Familie. Ihren Brüdern geht es seit der Heimkehr aus dem Exil immer besser. Larichos hat es zum Mundschenk gebracht, das schaffen nur adlige junge Männer. Charaxos ist ein Händler geblieben. Er exportiert den beliebten lesbischen Wein, vor allem nach Naukratis, einer griechischen Kolonie im Nildelta. Dort begegnet er Doricha, einer als Sklavin gehaltenen Kurtisane. Er kauft sie frei und verbringt längere Zeit bei ihr, was seinen Standesgenossen in der Heimat nicht angemessen erscheint. Ob er die Verbindung jemals gelöst oder Doricha geheiratet hat, wissen wir nicht. Sappho jedenfalls missbilligt diese Liebe.

Kypris[10], Nereiden[11], laßt unversehrt mir
meinen Bruder wieder hierher gelangen;
was sein Herz sich wünscht, daß es ihm geschehe,
alles erfüllet,

was er einst gefehlt hat, das alles lös er,
und den Freunden soll er zur Freude werden
und zum Leid den Feinden, ersteh den unsern
nimmermehr keiner.

Seiner Schwester wünsche er, sich zu sehen
glücklich und geehrt, ihres bittern Leides
... wodurch er bisher im Jammer
...

Kypris, dich als bitterste Feindin find sie,
nicht mehr prahlen soll sie mit solchen Reden,
Doricha, ein zweites Mal sei er sehnlich
liebend gekommen.[12]

Die Liebesbeziehung zwischen Charaxos und Doricha gibt vielen Gerüchten Stoff. Die Leute erzählen sich alles Mögliche – ein handfester Skandal. Für Sappho ist das schwer zu ertragen. Die ernsthafte Liebe eines Mannes aus dem Adel zu einer Kurtisane passt nicht in ihr Weltbild. Die sonst so offene Dichterin versperrt sich einer Welt, die ihrer eigenen fremd ist. Mag sein, dass sie auch ein wenig neidisch ist, gelten Kurtisanen doch als die Frauen, die die Männer sehr gut kennen. Die Männer gehen zu den Kurtisanen nicht nur, um körperliche Liebe zu bekommen, sondern auch, um von ihren Sorgen zu erzählen. Das weiß Sappho, davon hat sie reden hören. Könnte sein, dass der Stachel der Eifersucht ein wenig sticht und der Stolz sich regt. Sie wünscht ihrem Bruder selbstverständlich eine Frau von Stand zur Ehefrau.

Neben den Brüdern ist es natürlich die geliebte Tochter Kleis, um die sich Sappho kümmert, deren Wünsche sie sogar im Gedicht besingt.

Meine Mutter, Kleis, hat einst zu mir gesagt:
Wenn in deinem Alter ein Mädchen ihren Haarschopf
mit Purpurbändern umflochten trägt,
dann ist das ein schöner Schmuck
und kleidet sie sehr gut.
Wenn aber eine ganz blondes Haar hat,
noch heller als das Leuchten der Fackel –

Kränze sind dann für sie der passende Schmuck,
von üppig blühenden Blumen.
Doch eine Haube, wie du sie gerade wünschst, Kleis,
eine buntgestickte aus Sardes,
mag es in Lydiens Städten geben,
doch ich habe keinen bunten Kopfputz
für dich, Kleis, und weiß nicht, woher ich
eine Haube nehmen soll. Aber den Mann aus Mytilene,
den alle Welt an die Macht gebracht hat –
frag den doch, ob er dir bunten Putz beschaffen kann.
Seit die Tyrannen viele in die Verbannung trieben,
trägt unsere Stadt die Spuren –
bös ist es da zugegangen.[13]

Ein typischer Konflikt zwischen Mutter und Tochter: Die Mutter sieht nicht ein, dass sich ihre Tochter einen besonderen Kopfschmuck wünscht, kann man sich doch auch mit einem Kranz im Haar hübsch machen. Sardes, woher die Haube kommen soll, ist das Paris jener Zeit. Die Haube wäre kostbar und teuer und Sappho sieht nicht ein, wieso sie so etwas beschaffen soll. Seit Pittakos an der Macht ist und viele Adlige im Exil waren, geht es ihnen finanziell nicht mehr so blendend wie früher, wobei Sapphos Familie natürlich immer noch als wohlhabend gelten kann. Darauf spielt Sappho an und sie ist wütend auf Myrsilos und Pittakos. Wenn sie daran denkt, was sie ihren Gegnern mit dem Exil angetan haben, kommen die

Emotionen jedes Mal wieder hoch. Dass sie der Tochter nicht das kaufen kann, was besonders glänzend und kostspielig ist, wurmt sie innerlich. Sie gibt all denen die Schuld, die geholfen haben, Pittakos an die Macht zu bringen. Auch der Dichterfreund Alkaios schimpft auf die Pittakos-Partei: »Diesen hergelaufenen Kerl, Pittakos, haben sie der Stadt ohne Galle, der gottverlassenen, zum Tyrannen gesetzt! Und sie schreien alle zusammen auch noch laut Beifall dazu!«[14]

Sappho, die verwöhnte Tochter aus reichem Haus, ist gespalten, weiß sie doch genau, dass allein ihre Gedichte bleiben werden, wenn sie einmal tot ist. Reichtum bedeutet ihr im Grunde wenig und sie ist der Meinung, dass man sich immer nur an die erinnern wird, die in ihrem Leben etwas Bleibendes geschaffen haben. So schreibt Sappho in einem Gedicht an eine reiche Frau:

> *Wenn gestorben du liegst:*
> *nimmermehr wird jemand gedenken dein*
> *noch sich sehnen dereinst; keinerlei Teil hattest*
> *   an Rosen du*
> *aus Pierien. Nein, unsichtbar auch wirst du*
> *   in Hades' Haus*
> *irren unter dem Traum, unter dem Tod,*
> *   eine Entflogene.*[15]

Die Dichterin ist kein Übermensch. Denken und Fühlen widersprechen sich immer wieder einmal. Sie erlebt Emotionen als große Erschütterungen, sie hegt Groll gegen die, die mehr haben als sie, sie reagiert feindselig gegenüber politischen Gegnern, sie empfindet Eifersucht, wenn sie ein geliebtes Mädchen ihr Haus verlassen sieht. Aber sie kann sich auch wieder fassen und Zuversicht für die Zukunft gewinnen.

Von den Mädchen, die bei Sappho leben, sind einige Namen bekannt: Atthis, Anaktoria aus Milet, Gongyla, Iranna, Arignota, Telesippa. In manchen Gedichten werden sie direkt angesprochen. Es ist nie eine heimliche Liebe, denn alle können ja die Gedichte beim Vortrag hören.

> *Daß du nach allem nicht einmal mehr*
> *an mich denken magst, Atthis und*
> *jetzt sogar noch zu Andromeda gehst*[16]

Andromeda hat nach dem Vorbild Sapphos eine Schule für Mädchen gegründet. Zwischen den Frauen herrscht ein Konkurrenzkampf um die Gunst der Schülerinnen. Auch das kennt Sappho also: Wettbewerb im Beruf. Wenn eine ihrer Schülerinnen weggeht zu einer anderen Frau, dann leidet Sappho und zeigt ihren Schmerz, indem sie ihn durch die Gedichte öffentlich macht.

Ich habe dich lange schon geliebt
Atthis, als du noch ein Mädchen
warst und nicht einmal hübsch[17]

Im Gedicht verleiht Sappho dem Erlebten Unsterblichkeit. Sie hat keine Angst vor der Öffentlichkeit, es macht ihr nichts aus, dass alle wissen, was sie durchleidet und welche Freuden sie genießt. Gesellschaftlich ist ein solches Leben anerkannt. Keiner kritisiert sie deswegen, im Gegenteil.

Mögen sie auch nur Atem sein
die Worte – meine Zunge wird sie
unsterblich machen[18]

Die Dichterin hat die Gewissheit, dass ihre Worte nicht vergehen werden, dass das, was sie ausdrückt, auch in der Zukunft gehört wird. Sie lebt als Künstlerin im Bewusstsein ihres Könnens und ihrer Wirkung. Es gibt von Sappho kein Zeugnis dafür, dass sie in irgendeiner Weise an der Bedeutung ihrer Gedichte und ihrer pädagogischen Arbeit gezweifelt hätte. Sie ist eine stolze Dichterin.

Dieses Wissen um die eigene Bedeutung macht ihr das Altern nicht leichter. Sappho ist überzeugt, dass das Sterben etwas Schlimmes ist. Die Götter nämlich würden, wenn es etwas Schönes wäre, die Sterblichkeit der Unsterblichkeit vorziehen. Dass sie es nicht tun, sieht Sappho als Beweis für ihre Meinung an.

Das Altern ist auch ein Thema in Sapphos Dichtung. Sie verschweigt nichts, was dem Menschen widerfährt, alles spricht sie aus. Und so beobachtet sie Veränderungen an sich, körperliche Anzeichen dafür, dass die Jugend vergangen ist.

> *... weiß wurde das Haar, das schwarz war*
> *... Knie die nicht mehr tragen*
> *... tanzen, vergleichbar Rehen,*
> *... aber was soll ich machen?*
> *... unmöglich kann's geschehen.*[19]

Graues Haar, schwache Glieder, Zeichen körperlicher Veränderung und der Vergänglichkeit des Lebens, die Dichterin spricht es aus. Nichts ist ihr zu gering, um davon in den Gedichten zu sprechen. Nichts von dem, was das Leben ausmacht, bleibt ausgegrenzt. Nichts wird verdrängt. Sie trägt ihr Herz und ihr Denken offen zur Schau, deckt Widersprüche nicht zu. So akzeptiert sie es auch, dass manchmal der Tod als Trost erscheint, ja sogar herbeigewünscht wird. Wenn Abschied droht, wenn der Schmerz das Innere zusammenzieht, dann kann es schon sein, dass die Menschen sich sehnen nach der Ruhe, die nur der Tod gibt. Todessehnsucht und Todesangst sind beide Realität.

Gongyla

Ja, ein Zeichen ...
... sicherlich ... Gott
Hermes kam ...

und ich sagte: »O Herr ...
bei der Seligen, mein ...
bin ich freudig erhoben ...

Tot zu sein, eine Sehnsucht ...
und den Lotos, den Tau zu sehn
an den Ufern des Acheron ...[20]

Obwohl das Gedicht in der Überlieferung viele Lücken hat, wird doch deutlich, was Sappho antreibt, welche Gefühle sie beherrschen. Vielleicht ist Gongyla, die geliebte Schülerin, dabei, sich zu verheiraten. Wieder eine, die geht, und wieder eine, die ihr viel bedeutet. Ein Kommen und Gehen, stetiger Wechsel. Das Leben ist unbeständig, dauernd passiert etwas Neues, immer wieder ist eine Trennung auszuhalten. So sehnt sie sich hin zu den feuchten, taubenetzten Ufern des Totenflusses Acheron, wo der Totenbegleiter Hermes Psychopompos auf sie wartet. Freudig ist jetzt auf einmal Sapphos Grundstimmung.

Immer wieder sind es die Götter und Göttinnen, die in direktem Kontakt stehen zu den Menschen.

Das Gespräch mit ihnen beschwört Sappho oft, sie spricht sie bittend oder klagend oder preisend an.

Irgendwann zwischen 570 und 560 v. Chr. stirbt Sappho. Die Umstände ihres Todes sind unklar und deshalb entzündet sich natürlich die Phantasie daran. So erzählt man sich, die Dichterin habe Selbstmord begangen aus unerfüllter Liebe zu dem schönen Jüngling Phaon. Sie soll sich vom Leukadischen Felsen an der Westküste Griechenlands gestürzt haben. Aber das sind Gerüchte. Als sie stirbt, ist sie in ganz Griechenland als Dichterin bekannt. Ihr Ruhm verbreitet sich, Dichter nach ihr rühmen ihre große Kunst und Platon sieht in ihr die zehnte Muse, in direkter Nachbarschaft zu den neun bei Hesiod genannten Göttinnen der Kunst und der Wissenschaft.

Die erste Dichterin, von der wir wissen, ist eine Frau gewesen, die keine Scheu hatte, die Licht- und Schattenseiten des Daseins zur Sprache zu bringen, auszudrücken, was ihr Leben reich und vielgestaltig machte. Sappho hat Freude und Schmerz, Lust, Wut und Eifersucht empfunden und in ihren Gedichten ausgedrückt. Auch wenn ihr Leben nur bruchstückhaft überliefert ist und die meisten Gedichte fragmentarisch sind, sprechen sie doch eine solch deutliche Sprache, dass wir die Dichterin darin erkennen können. Sie war geprägt von ihrer Zeit und der Gesellschaftsschicht, in der sie aufwuchs, aber sie hat wach

darauf reagiert und sich und ihre Gefühls- und Ge-
dankenwelt darin behauptet. Mit ihrer Prognose hatte
sie Recht: Ihre Gedichte haben sie um viele Jahrhun-
derte überlebt.

Die Musen gaben mir mein Leben

und wenn ich sterbe werde ich
niemals mehr vergessen werden[21]

»*Und darf nur heimlich lösen mein Haar*«
Annette von Droste-Hülshoff (1797–1848)

Nach einem langen Spaziergang kehren sie ein im
»Glaserhäuschen«, einem kleinen Gasthaus bei Meersburg am Bodensee. Sie sind noch immer vertieft in ein
Gespräch, in dem es, ihren Gesten und dem Gesichts-
ausdruck nach zu urteilen, um ernste Dinge geht. Die
Frau, Annette von Droste-Hülshoff, scheint nicht
ganz zufrieden zu sein mit dem, was ihr Begleiter
Levin Schücking sagt. Kaum dass sie den Wirt be-
achten, geschweige denn die wenigen anderen Gäste
in der Schenke. Sie fahren fort mit der Unterhaltung
und manchmal, wenn man genau hinschaut, kann man
ein kleines, feines, zärtliches Lächeln über das nicht
mehr ganz junge Gesicht der Dichterin huschen sehen. Vielleicht fällt ihr gerade jetzt ein Gedicht ein,
über das sie selbst erstaunt, weil es ein Liebesgedicht
ist.

Es ist der 10. Januar 1797, Schauplatz die Wasserburg
Hülshoff nahe der westfälischen Stadt Münster. Therese Luise von Hülshoff, geborene von Haxthausen,
bringt ihre zweite Tochter zur Welt, allerdings vier
Wochen zu früh. In dem Gedicht »Der zu früh gebo-

rene Dichter« spricht Annette viele Jahre später von dieser eigenen Frühgeburt:

Acht Tage zählt er schon, eh ihn
Die Amme konnte stillen,
Ein Würmchen, saugend kümmerlich,
An Zucker und Kamillen,
Statt Nägel nur ein Häutchen lind,
Däumlein wie Vogelsporen,
Und jeder sagte: »Armes Kind!
Es ist zu früh geboren!« [1]

Die Geburt strengt die Mutter sehr an, sie ist zu schwach, das Kind selbst zu stillen, so verdankt Annette ihr Überleben einer Amme namens Maria Catharina Plettendorf, Webersfrau aus Altenberge, die sie hingebungsvoll umsorgt. Der volle Name des Mädchens lautet übrigens Anna Elisabeth Franzisca Adolphine Wilhelmine Louise Maria. Trotzdem nennt jeder sie einfach Annette. Ihre Familie zählt zum westfälischen Uradel mit langer Ahnenreihe und erheblichem Grundbesitz. Die Droste-Hülshoffs üben großen Einfluss aus und stehen in hohem Ansehen, vom Vermögen ganz zu schweigen.

Annettes Vater, Clemens August von Droste-Hülshoff, eine Ehrfurcht gebietende stattliche Erscheinung, tritt selbstbewusst auf, aber schiebt sich nie in den Vordergrund, sondern bleibt zurückhaltend, was seine Autorität nicht schmälert, im Gegenteil. Besonders beeindrucken der gütige, wache Ausdruck seiner hellen Augen und die hohe Stirn, die seltsam kontrastieren mit den Kringellöckchen, der weißen Haut und dem so wenig streng wirkenden Mund. Eine Mischung aus Herr und Kind, so wäre der Vater am besten zu beschreiben. In seiner Freizeit beschäftigt er sich mit Botanik und Zoologie und spielt Violine.

Die Mutter, Therese Luise, geborene von Haxthausen, groß, schlank und mit klaren Gesichtszügen, entstammt ebenfalls dem alteingesessenen Adel. Sie widmet sich dem Haushalt, organisiert die vielen Feste und kümmert sich um die Erziehung der Kinder. Ihre Hauptcharaktereigenschaften sind Willensstärke und Entschlusskraft. Was sie sich vorgenommen hat, das setzt sie tatkräftig um. Nachdem schon das erste Kind ein Mädchen war, hatte sie gehofft, nun einem Jungen das Leben schenken zu können. Der wird jedoch erst zweieinhalb Jahre nach Annette geboren und auf den Namen Konstantin getauft. Der zweite Sohn, Ferdinand, folgt dann im April 1800. Zu ihrer älteren Schwester Jenny hat Annette zeitlebens ein sehr herzliches Verhältnis, während die Beziehung zu den Brüdern ziemlich oberflächlich bleibt.

Von Bedeutung sind natürlich in adligen Kreisen vor allem die männlichen Nachkommen und hier besonders der älteste Sohn. Er erbt schließlich nach dem Tod des Vaters alles. Man muss sich einmal vorstellen, was das für den Rest der Familie heißt. Einem Beruf nachzugehen kommt für adlige Personen nicht infrage. Die einzige Hoffnung ist, in eine vermögende Familie einzuheiraten, oder man bleibt eben ledig. Und das ist die Regel. Unverheiratete adlige Damen haben nur die Möglichkeit, in ein Stift zu gehen, das ist ein unter kirchlicher Obhut stehendes Haus, in dem sie wohnen und versorgt werden. Die katholischen Herren können ein kirchliches Amt als Domherren ergreifen. So also sind die Sitten, doch Annette betrifft das ja zum Glück noch nicht.

Zunächst einmal erlebt sie ihre Kindheit, und das in einem richtigen Schloss mit Gewölben und Kellern, Türmen, knarrenden Stiegen und dem Blick aufs Wasser. Häufig liegt Nebel über der Heide, aber es fehlt nicht an sonnigen Tagen, an denen das Kind draußen umherstreift, Ausschau haltend nach Pflanzen und Tieren wie der Vater. Gelegenheit hat Annette genug, denn die Mutter hält die Zügel nicht übermäßig straff. So unnachsichtig, wie die Eltern sie einst erzogen haben, will sie nicht mit ihren eigenen vier Kindern umgehen.

Lieber richtet sie sich nach einem 1776 erschienenen Buch von einem gewissen Christian Alexander Weiße mit dem Titel »Der Kinderfreund«, ein Bestseller. Weiße gibt sich fortschrittlich und pocht darauf, die Kinder nicht wie kleine Erwachsene zu behandeln, sondern sie so sanft wie möglich zu führen. Autorität schon, aber eine milde muss es sein, die viel Verständnis und Liebe aufbringt für die Kleinen. Schläge sollten nicht nötig sein, doch das widerspräche sowieso Thereses christlichem Ideal, das ihr vorschreibt, Güte walten zu lassen und geduldig zu sein in allen Belangen. Ihre Überzeugung ist es, dass der »Gute« einst im Himmelreich neben Gott sitzen wird, und sie bemüht sich, ihre Kinder in diesem Sinn zu erziehen. Annette wird nicht ständig gegängelt, trotzdem können die Eltern ihr nie so ganz gerecht werden. Das ungezügelte Temperament dieser Tochter und ihre überschäumende Phantasie sind zu viel für sie. Grübeln und sich mit schweren Gedanken tragen, das führt zu nichts und schon gar nicht zu einem Leben im Sinne Gottes, das ist die Ansicht vor allem der Mutter. Annette indes schreibt bereits mit sieben Jahren erste Gedichte:

O liebe Mama ich wünsche dir
für deine guten Gaben
daß jedes Jahr dir fließe hin
ohne eine einzige Plage,
bis endlich dich das Alter erreicht,
nur meine, nicht deine Freude weicht,
weil du dich nicht wie ich der Jugend kannst erfreun
und nicht wie ich kannst fröhlich sein.[2]

Die Mutter nimmt das Gedicht gern an, sie ist sogar stolz auf ihre Tochter – solange sich das Talent nicht allzu ungezügelt meldet. Ab und zu ein schönes Gelegenheitsgedicht zu Geburtstagen, das ist schon recht. Daher bewahrt sie solche Reime sogar in einem extra Büchlein auf.

Die Droste-Hülshoffs legen Wert auf eine ausgewogene Bildung ihrer Kinder. Als Annette zehn Jahre alt ist, wird ein Hauslehrer engagiert: der Hofmeister und Priester Bernard Wenzelo. Latein, Französisch, Mathematik und Naturkunde sind die wichtigsten Fächer. Fast am liebsten mag Annette die Naturkunde. Damit aber wird ihr etwas in die Hand gegeben, was die Dichterin zeitlebens faszinieren und zu ihren schönsten Gedichten anregen wird. Blumen, Tiere, Mineralien – eine unglaublich interessante Welt tut sich auf. Annette nähert sich der Natur nicht nur schwärmerisch, sondern auch mit einem klaren analytischen Blick. Deutlich sichtbar und doch vom Geheimnis umwittert, so erscheint die Natur in Annettes Gedichten, wie zum Beispiel in »Das öde Haus«:

> *Das Dach, von Moose überschwellt,*
> *Läßt wirre Schober niederragen,*
> *Und eine Spinne hat ihr Zelt*
> *Im Fensterloche aufgeschlagen;*
> *Da hängt, ein Blatt von zartem Flor,*
> *Der schillernden Libelle Flügel,*
> *Und ihres Panzers goldner Spiegel*
> *Ragt kopflos am Gesims empor.*[3]

Natürlich macht auch vor dem Droste-Hülshoff'schen Schloss die Politik nicht Halt. Es ist eine überaus bewegte Epoche, in die Annette hineingeboren wird. 1802 marschiert General Blücher in Münster ein und das Fürstbistum wird preußisch. 1806 kommen die Franzosen und besetzen die Stadt. Als kleinem Mädchen fallen Annette die Umtriebe vor allem optisch auf. Die Farben in der Stadt ändern sich stetig, neue Farben, wechselnde Uniformen, ein Augenschmaus für ein Kind. Napoleon Buonaparte heißt der Mann der Stunde. Wenn Gäste zu Besuch sind, schnappt Annette hie und da Brocken aus der großen Welt, von Krieg und Frieden, Traditionen und Veränderungen auf. Die katholischen Westfalen hatten sich unterjocht gefühlt von den protestantischen Preußen und feiern Napoleon zunächst als Befreier. Jahrmarktstimmung herrscht und der 15. August wird zum Napoleonstag, der auch von den Droste-Hülshoffs gefeiert wird. An der Macht des Adels wird allerdings mehr und mehr gerüttelt.

Verwandte von Annette kämpfen für Napoleon und mancher Freund der Familie fällt im Krieg. Das »Münsterische Intelligenzblatt« berichtet von Napoleons Schlachten, die Droste-Hülshoffs sind informiert. So ist es nicht verwunderlich, dass die hochbegabte Dichterin sich mit zwölf Jahren an einem Gedicht über das Soldatenleben versucht:

Allzeit erblick ich das Bild meines Vaters
Wie er zum Abschied mir die Hände drückt
Möchte zur Heimat einst wirklich ich gehen
Vater! ach Vater! wie wär ich entzückt.

Aber verloren ist Hoffnung und Freude
Fern vom Vaterland hab ich nicht Rast
Schwermutsvoll leb ich in Kummer und Schmerzen
Bis ein kühlendes Grab mich umfaßt.[4]

Hier ist bereits vieles von der Spannbreite ihres Dichtens da: Freude und Schwermut und ein schonungsloser Blick auf die Alltagswirklichkeit, Liebe zu Familie und Heimat und das Wissen um die Brüchigkeit dieser Werte. Von der Glaubenszuversicht der Mutter ist in diesen Zeilen nichts zu finden. Die Dichterin Annette von Droste-Hülshoff, so kann bereits jetzt vermutet werden, wird ihren eigenen Weg zu gehen haben, ohne auf allzu viel Sicherheit zurückgreifen zu können. Den Eltern kann sie sich nicht öffnen, man zeigt sein Innerstes nicht, so lautet die Devise. Da bleibt ihr nur die Dichtung.

1813 beginnt sie mit einem Trauerspiel, »Bertha«, das jedoch unvollendet bleibt. Annette liebt das Theater, und zum Glück haben die Eltern nichts dagegen, dass sie so oft wie möglich ein Schauspiel sieht. Üblich ist das nämlich in frommen Kreisen nicht, im Gegenteil. Das Theater gehört in den Augen vieler

Kirchenleute zu den unsittlichen Vergnügungen. Aber Therese von Droste-Hülshoff hat in diesem Punkt eine eigene Meinung und so erlaubt sie ihren Töchtern den Besuch des neuen Prunktheaters am Roggenmarkt. Die Münsteraner lieben die kulturelle Geselligkeit und hören nicht auf das, was strenge Geistliche dazu sagen. Seit 1777 haben sie sogar einen »Theaterverein«.

Ein anderes beliebtes Vergnügen ist das Tanzen. Selbst die renommierten Damenstifte sind von dieser Tendenz, Vergnügungen zuzulassen, nicht ausgenommen. Die Regeln sind auch hier nicht mehr so streng und eine Lockerung der Sitten hat eingesetzt. Die meisten weiblichen Angehörigen der Familie Droste-Hülshoff sind vor allem im Stift zu Hohenholte zu Hause. Nach einem Besuch dort schreibt Annettes Schwester Jenny in ihr Tagebuch: »Als wir dort ankamen, sagte uns die Äbtissin, es würde diesen Nachmittag auf ihrer Diele getanzt, und bat uns zugleich, dazubleiben.«[5]

Das Fest dauert bis vier Uhr morgens, Annette ist mit dabei und man bedenke: Sie ist noch keine 14 Jahre alt. Sie macht Eindruck durch ihre lebhafte, charmante Art und zeigt jetzt schon ein gewisses Talent, den Männern den Kopf zu verdrehen. Gar nichts Fräuleinhaftes ist in ihrem Auftreten. Sie gibt sich fröhlich, offen, spaßbereit und lässt sich von den Herren über den Tanzboden wirbeln. Wer ihre ernste Seite noch nicht kennen gelernt hat, könnte fast meinen, sie habe leichtes Blut.

Neben der Dichtkunst hat es dem Mädchen die Musik angetan. Sie spielt gut Klavier und bringt ihr Können bei den abendlichen Zusammenkünften im Schloss zur Aufführung. Zeit für all diese Dinge ist ja genug, es gibt wenig Ablenkung und so geht die Freizeit vor allem mit Musizieren und Lesen hin. Auch dazu schreibt die Schwester Jenny etwas in ihrem Tagebuch: »Den ganzen Morgen saßen Nette und ich auf der Kinderstube hinterm Ofen und lasen. Hüger brachte uns Wurstbrote, wovon wir einen Teller voll verzehrten.«[6]

Aber Therese von Droste-Hülshoff hat den Eindruck, dass ihre Tochter einen ernsthaften Gesprächspartner braucht. Sie vermittelt ihr den Kontakt zu Mathias Sprickmann, einem Rechtsgelehrten an der Universität Münster, der hochgebildet ist und in seiner Jugend einmal selbst von dichterischen Ambitionen beflügelt war. Sprickmann ist zwar 50 Jahre älter als Annette, aber sein Geist ist nicht von gestern und so zieht die Dichterin einen großen Gewinn aus den Begegnungen mit ihm. Doch es gibt in dieser Zeit noch eine zweite Person, zu der Annette einen innigen Bezug herstellt: Catharina Schücking, eine Schriftstellerin. Catharina hat mit enormen Schwierigkeiten zu kämpfen. Die bürgerlichen Herren von Münster machen sich lustig über ein so genanntes

»schreibendes Weib« wie sie, und so beschwert sich Annette bei Sprickmann, der auch in diesem Fall als unermüdlicher Förderer wirkt. »Wäre ich doch kein Weib geworden, das sich so geduldig in all die Fesseln des bürgerlichen Lebens schmiegen muß, und das, so verschieden auch seine Geisteskräfte sein mögen, doch immer sich derselben Bestimmung fügen muß.«[7]

Es fehlt Annette also nicht an Gleichgesinnten. Sie erfährt schon früh von der Mühsal, die es für eine Frau mit sich bringt, als Dichterin leben zu wollen. Widersprüche und Kämpfe gehören von Jugend an zu ihren Themen. Das bezieht sich nicht nur auf das persönliche Leben, sondern betrifft auch die Politik, mit der sie immer wieder konfrontiert wird.

Krieg und Gewalt beherrschen inzwischen den Alltag. Napoleons Feldzüge sind in aller Munde. Längst gilt er nicht mehr nur als Glücks- und Fortschrittsbringer. Viele Männer sind in seinen Diensten gefallen. Der Widerstand gegen den Eroberer wächst und viele lassen ihr Leben im Kampf um Unabhängigkeit. Als Napoleon 1813 in Leipzig gegen die große Koalition von Preußen, Österreich, Russland und England eine Niederlage erfährt und die Franzosen beginnen, aus Münster abzurücken, ist aber keineswegs alles wieder in Ordnung. Jetzt ist die Stadt voll von den »Befreiern«. Russen, Preußen und Engländer müssen irgendwo einquartiert werden. Schließlich wird Münster Hauptstadt eines unter erneuter Preußenherrschaft stehenden Westfalen. Soll man sich nun freuen oder klagen?

Annette beschäftigt sich aber auch mit anderen Problemen. Ihre literarischen Versuche handeln unter anderem von der Rolle, die man der Frau zuschreibt und die Annette ungerecht scheint. Und so heißt es in der letzten Strophe ihres 1816 geschriebenen Gedichts »Unruhe«:

Fesseln will man uns am eig'nen Herde,
Uns're Sehnsucht nennt man Wahn und Traum,
Und das Herz, dies kleine Klümpchen Erde,
Hat doch für die ganze Schöpfung Raum.[8]

Annette entwirft ihre Vorstellung von dem, was in den Frauen steckt. Sie rechnet mit Widerständen und ist gewillt, ihnen die Stirn zu bieten. In Catharina Schücking hat sie dafür eine Mitstreiterin gefunden. Gleichzeitig genießt sie aber auch die Geselligkeit und bewegt sich gekonnt auf dem gesellschaftlichen Parkett. Im linken Flügel des Droste-Hülshoff'schen Schlosses wohnt seit 1815 General Thielmann mit seiner Familie. Bei den dort veranstalteten Festlichkeiten trifft sich alles, was Rang und Namen hat, und Annette genießt es, zu gefallen. Das zarte Gesicht mit der markanten Nase und dem schönen kleinen Mund, einer sehr hohen Stirn und stark kurzsichtigen Augen zieht die Blicke auf sich.

In ihrem Benehmen zeigt sich eine Mischung aus sprühender Lebensfreude und Verschlossenheit. Genau dieses Widerspiel von Offenheit und Verstecken macht sie so interessant für ihre Umgebung, vor allem für den männlichen Teil. Anziehung und Abstoßung wechseln ab, sie wird bewundert oder kritisiert. Manchen der jungen Adligen ist eine solch kecke und schlagfertige Dame grundsätzlich ein Dorn im Auge, sie bevorzugen das Zarte, Sanfte. Annette lässt sich nicht beirren, sie ist, wie sie ist, und hat genug Spaß bei all dem. Das Leben spielt sich ab zwischen Lustfahrten ins Freie, Bällen, Konzerten und Theateraufführungen. Man sitzt nicht zu Hause herum und dreht Däumchen. Der Umgang der Geschlechter miteinander ist zwanglos, man neckt sich und flirtet, ohne viel dabei zu denken.

Eines Tages jedoch begegnet Annette etwas Neues, Beunruhigendes, Fremdes. Im August 1818 verbringt sie einige Wochen in Brökerhof, dem Gut ihrer Großeltern mütterlicherseits. Dort lernt sie einen allseits bekannten Genius des jungen literarischen Lebens kennen: Heinrich Straube. Man ist sich einig, dass dieser Mensch »etwas Eigentümliches« hat, »ganz eigen« ist. Klein und nicht eben schön, besitzt er dennoch etwas, das die andern anzieht, Annette nicht ausgenommen.

Annette ist verwirrt von der Anziehungskraft, die sie zum ersten Mal so intensiv erlebt. Aber sie ist vor-

* 10 Januar 1797.   † 24 Mai 1848.

sichtig und spricht im Kreis der Familie nicht darüber, weiß sie doch, wie man dort über Liebe und Ehe denkt.

Diese beiden Begriffe gelten nämlich als unvereinbar. Als adliges Fräulein hat Annette die Pflicht, nach einem geeigneten Ehemann Ausschau zu halten und nicht die Anmaßung zu besitzen, sich unsterblich zu verlieben. Die Verwandtschaft rechnet auch noch mit Annettes Vernunft, als die längst nicht mehr ans Verheimlichen denkt und in Briefen bereits von ihrem »Schatz« spricht, den sie »zum Fressen« gern hat. So schreibt sie im Dezember 1820 an Anna von Haxthausen: »Straubens Liebe verstand ich lange nicht, und dann rührte sie mich unbeschreiblich und ich hatte ihn wieder so lieb, daß ich ihn hätte aufessen mögen.«[9]

Die intensivste Zeit mit Straube erlebt Annette im Frühling 1820 in Brökerhof. Sie nimmt keine Rücksicht mehr auf die Familie und genießt ihre Liebe. Nebenbei pflegt sie auch Kontakte zu anderen Männern. Es scheint, als habe diese erste große Leidenschaft in ihr die Freude am vertrauten Umgang mit dem andern Geschlecht erst so richtig geweckt. Einem gewissen Johann Heinrich Wolff, später Professor der Architektur, liest sie ihre Gedichte vor und schenkt ihm zum Abschied eine Locke und mit dem Kaufmannssohn Friedrich Beneke plaudert sie angeregt auf langen Spaziergängen. Sie lebt in einer Art Hochstim-

mung, die sich positiv auf das Gedichteschreiben aus-
wirkt.

Annette ist einerseits glücklich über die Intensität
ihrer Beziehungen, andererseits empfindet sie darin
einen Widerspruch zu den religiösen Wurzeln und
weltanschaulichen Traditionen ihrer Familie. Sie ist
nicht zu der Art von Freiheit erzogen worden, die sie
sich wünscht und die sie zu leben beginnt. In ihrem
Gedichtzyklus »Geistliche Lieder« drückt sie den
Zwiespalt aus, in dem ihr Inneres sich befindet. Wer
weiß, wessen Gestalt ihr vor Augen steht, als sie das
Gedicht »Liebe« niederschreibt, das vordergründig
die Liebe Jesu ausdrücken soll:

Sein Bild steht überall geschrieben,
Ich kann nur ihn, nur ihn noch lieben,
Ich kann nur ihn allein noch sehn;
Ich weiß, er muß mir ewig bleiben,
Ach, wollte er mich von sich treiben,
Ich müßte gleich in Schmerz vergehn.[10]

Nach der Kirchentradition scheint alles wohl geordnet, das Jahr unterteilt in die vielen religiösen Feste,
die Seele geborgen in der Hand Gottes und Marias.
Die Marienverehrung spielt bei den Droste-Hülshoffs
wie im katholischen Glauben der Zeit überhaupt eine
nicht wegzudenkende Rolle. Die Muttergottes ist vor
allem Trösterin der Frauen, und die wenden sich an

sie, wenn Kummer an ihnen nagt. Für Annette ist das jedoch keine Selbstverständlichkeit mehr.

> O *Maria, Mutter Christi!*
> *Nicht zu dir will ich mich wagen,*
> *Denn du bist mir viel zu helle,*
> *Meine Seel' ergraut vor dir;*
> *Bist mir fast wie zum Entsetzen*
> *In der fleckenlosen Reine,*
> *Die du siegreich hast bewahret,*
> *Da du wandeltest gleich mir.*[11]

Annette nimmt dieses 1820 entstandene Mariengedicht in den Zyklus »Das geistliche Jahr« auf, den sie der Mutter widmet. Zu rein erscheint ihr Maria, als dass sie sich ihr wirklich anvertrauen könnte. Damit aber steht sie völlig im Widerspruch zum religiösen Empfinden ihrer Zeit, das sich an der »Reinheit« der Jungfrau Maria orientiert. Welch ein Konflikt muss in der Dichterin toben, sobald sie vergleicht zwischen dem Werteempfinden ihrer Umgebung und der eigenen rein weltlich orientierten Leidenschaft.

»Trost« allerdings wird Annette bald brauchen, denn auf dem Brökerhof, auf dem sie 1820 mehrere Monate verbringt, braut sich ein Unheil zusammen. Zunächst fängt alles ganz harmlos an. Straube, der einige Zeit bei Annette war, muss wieder nach Göttingen zurück, wo er studiert. Stattdessen kündigt sich sein Freund August von Arnswald an, ein interessanter Mensch, der Jura studiert, sich mit Theologie befasst und einen Hang zur Literatur hat. Somit gäbe er einen spannenden Gesprächspartner für Annette ab.

In der Tat ergeben sich hitzige Diskussionen mit dem wortmächtigen und argumentativ ausgekochten Arnswald. Die Situation wird gefährlich, es knistert zwischen den beiden, Annette fängt Feuer und ist nun hin- und hergerissen zwischen Straube und Arnswald. Sie redet mit Arnswald über den abwesenden Geliebten und kommt nicht auf die Idee, dass ein abgekartetes Spiel im Gange ist. Wie sollte sie auch, hatte sie doch bisher keinen Grund, an der Ehrlichkeit Straubes zu zweifeln.

Die Wirklichkeit sieht anders aus. Arnswald ist eigens erschienen, um Annettes Treue zu Straube auf die Probe zu stellen. Kurze Zeit nach Arnswalds Abreise erreicht ein Brief den Brökerhof, in dem die beiden Freunde Annette die Freundschaft aufkündigen. Auf die Knie mit dir, du Sünderin! Geh in dich und tue Buße! Und als ob das Maß nicht schon voll sei, erfährt sie, dass auch ihre Tante Anna von Haxthausen in die Intrige verstrickt ist. Annette ist zutiefst verunsichert, bis ins innerste Mark getroffen. Sie hat das Vertrauen in Liebe und Freundschaft verloren.

Daneben beschleichen sie Schuldgefühle. Hat sie vielleicht eine solche Schandtat der beiden Männer durch ihre eigene Leichtfertigkeit mit verschuldet?

Hat sie sich leichtsinnig verhalten und Anlass zu Verdächtigungen gegeben? Am schlimmsten ist für sie das Abrupte des Abbruchs und die Einsicht in die Falschheit vermeintlicher Freunde. Müsste nicht, wäre Gott wirklich so mächtig, wie es ihre Eltern glauben, er nun zu Hilfe kommen? Wo bleibt er in dieser furchtbaren Situation? Annette versinkt nicht in nutzlosen Grübeleien, sondern schreibt ein Gedicht, das ihre Gefühle zum Ausdruck bringt:

Und muß ich schauen in des Schicksals Gange,
Wie oft ein gutes Herz in diesem Leben
Vergebens zu dir schreit in seinem Drange,
Bis es verzweifelnd sich der Sünd' ergeben:
Dann scheint mir alle Liebe wie ein Spott,
Und keine Gnade fühl' ich, keinen Gott.[12]

Annette kann nicht anders als zweifeln. Schaltet sie den Verstand ein, so wird ihr klar, dass ihr Gott fern ist, einer, der irgendwo in der Fremde sein muss und schwer zu erreichen ist. Den tiefen, unzerstörbaren Glauben ihrer Familie kann sie für sich nicht mehr akzeptieren, sosehr sie ihn als wertvolles Gut bei Mutter und Großmutter achtet. Annette kann nur eins tun, um ihr Leiden auszudrücken: Sie muss dichten.

Meine Lieder werden leben,
Wenn ich längst entschwand,
Mancher wird vor ihnen beben,
Der gleich mir empfand.
Ob ein andrer sie gegeben,
Oder meine Hand!
Sieh, die Lieder dürften leben,
Aber ich entschwand.[13]

Annette vergisst die Liebe zu Straube nie, doch die Enttäuschung tötet ihren Lebenswillen nicht. Sie hat ihr Schreiben als rettendes Element. In einem anderen Gedicht aus dem »Geistlichen Jahr« drückt sie ihre Anschauung aus: »Und kann ich denn kein Leben bluten, / So blut' ich Funken wie ein Stein.«[14] Allerdings will sie sich nun einem neuen Feld der Literatur zuwenden und nicht mehr nur Gedichte schreiben, sondern auch Prosa.

Annette von Droste-Hülshoff ist 24 Jahre alt und hat ihre Richtung gefunden. Sie wird den Weg weitergehen, den sie eingeschlagen hat, egal was ihr noch bevorsteht. Sie hat gelernt, dass sie nur für sich selbst handeln kann, dass ihr Glaube einzig am Schreiben hängt. Sie ist voller Unruhe und bereit, Neues auszuprobieren. Nach einem kleinen Abstecher in die Musik, wo sie sich erfolglos an einer Oper versucht, kehrt sie reumütig zur Literatur zurück: »Ich möchte mich jetzt auch wohl einmal in Prosa versuchen.«[15]

So entsteht eine Erzählung mit dem Titel »Ledwina«. Auffallend an dieser Geschichte ist der dauernde Wechsel der Welten. Einmal ist es das behütete Zuhause, dann wieder die wilde Natur, dann eine Grauen erregende Traumlandschaft. Ledwina wird beschrieben als eine kränkliche junge Frau mit einer ausufernden Phantasie. Ständig ist sie in Gefühl und Gedanken mit etwas beschäftigt, alles rührt sie sehr stark und sie befindet sich in einer ständigen Unruhe. Ledwina ist auf der Suche nach ihrem »Liebsten« und hat den Eindruck, es eines Tages auf dem Friedhof gefunden zu haben. »Sie wußte keinen Namen und hatte keine genauere Form dafür, aber es war gewiß ihr Liebstes.«[16]

Jenseits aller Bestimmungen, auch jenseits des Geschlechts sucht Ledwina ihr Liebstes, doch menschlich soll es sein. Vielleicht spielt Annette ja hier auf eigene Sehnsüchte an. Sie möchte sich frei machen von Herkunft, Konfessionszwang und Geschlecht und will in der Arbeit frei sein. Ihre Figur Ledwina muss tief in ihrem Inneren graben und sie muss sich dem Grauen stellen, das ihre Träume ihr offenbaren. Etwas Schreckliches ist es mit der Wahrheit, wenn sie nicht mehr übereinstimmt mit dem, was die Allgemeinheit anerkennt. Unbequem ist sie und befremdlich. Aber nur eine solche Wahrheit zeigt dem Menschen, wie er ist, nicht wie man ihn haben will, um ihn lenken und regieren zu können.

Immer radikaler, entlarvender geht Annette mit der

gesellschaftlichen Wirklichkeit um. Das wird unter anderem deutlich in dem Gespräch zwischen der Mutter Ledwinas, einer frommen Frau, und deren Freundin, ebenfalls aus gutem Hause und religiös eingestellt: »Ein sanftes, leises Gespräch begann zwischen den beiden, die sich so gern gegenseitig getraut hätten und es doch nie konnten, da vielfach drückende Familienverhältnisse eine gute arglose Seele zwingen, ihr Heil in der Intrige zu suchen.«[17] Klatsch und Tratsch beherrschen die Gespräche der Frauen, sein Inneres lässt man aus dem Spiel und redet lieber über andere als über sich selbst. So hat es Annette stets erfahren und ist zuletzt selbst Opfer einer perfekten Intrige geworden.

Hellsichtig, ohne Scheuklappen und ohne Rücksicht auf sich und andere schreibt sie die erste Erzählung nieder.

Trotz der Konzentration auf die schriftstellerische Arbeit unternimmt Annette immer wieder ausgedehnte Reisen, die sie vor allem zu Verwandtenbesuchen nutzt. Im Juli 1825 ergibt sich die Gelegenheit, für ein halbes Jahr zu Werner von Haxthausen nach Köln zu gehen. Er ist Regierungsrat, gerade erst frisch verheiratet und gehört zur Creme de la Creme in der Stadt. Man verkehrt in den besten Kreisen und Annette bekommt zu Weihnachten sogar ein neues Ballkleid. Das Bürgertum Kölns gibt sich fortschrittlich und kulturell sehr aufgeschlossen. Hinzu kommt die ohnehin gesellige, fröhliche Natur der Rheinländer. An ihre Schwester Jenny schreibt Annette: »Die Bälle sind hier äußerst brillant, selbst das gewöhnliche Local ist sehr groß, und am Carneval-Montag wurde auf dem Kaufhause, genannt der Gürzenich, getanzt, wo mehrere tausend Menschen auf der Redoute waren.«[18]

Annette entpuppt sich hier wieder einmal als Unterhaltungsgenie, sie weiß so grauslige und humoristische Geschichten zu erzählen, dass ihren Zuhörern die Haare zu Berge stehen. In einem Brief an den Freund Christoph Bernhard Schlüter drückt sie ihre Stimmung so aus: »Es fehlt mir allerdings nicht an einer humoristischen Ader, aber sie ist meiner gewöhnlichen und natürlichen Stimmung nicht angemessen, sondern wird nur hervorgerufen durch den lustigen Halbrausch, der uns in zahlreicher und lebhafter Gesellschaft überfällt, wenn die ganze Atmosphäre von Witzfunken sprüht, und alles sich in Erzählung ähnlicher Stückchen überbietet – bin ich allein, so fühle ich, wie dieses meiner eigentlichen Natur fremd ist, und nur als reines Produkt der Beobachtung, unter besonders aufregenden Umständen, in mir aufsteigen kann.«[19]

In solch einer Gesellschaft, die sich nicht groß um Normen schert, entsteht ein natürlicher und herzlicher Umgangston, eine angeregte, fast rauschhafte Stimmung, es ist eine Oase, eine Insel des freien Austauschs, denn ansonsten herrscht im Land ein straffes Regiment. Man kann längst nicht alles sagen und schreiben, was man denkt. Bücher und die Presse werden zensiert und Polizeispitzel besuchen Vorlesungen. Annette genießt deshalb die Kölner Geselligkeit und lässt sich treiben.

Ein jähes Aufwachen gibt es erst, als sie im April 1826 nach Hülshoff zurückkehrt und kurze Zeit darauf der geliebte Vater stirbt. Annette vergräbt sich und gibt nichts von ihrem Kummer preis. Vieles wird sich ändern, dessen ist sie sich bewusst. Der älteste Bruder tritt das Erbe an und übernimmt das Schloss. Die Mutter zieht mit den andern Kindern in das vier Kilometer entfernte »Rüschhaus«. Dieses im barocken Stil erbaute Backsteingebäude, viel kleiner als Hülshoff, wird zum Witwensitz. Annette bewohnt vier winzige Zimmer im Zwischengeschoss. Die Dienerschaft lebt mit ihrer Herrschaft im gleichen Gebäude, was normalerweise nicht üblich ist, nun aber notgedrungen in Kauf genommen werden muss. Es wird notariell festgelegt, was der Rest der Familie vom neuen Herrn auf Hülshoff zugeteilt bekommt. Annette erhält genug, um sorgenfrei, aber nicht auf großem Fuß zu leben. Ein wenig abspecken müssen alle, doch im Vergleich zur Normalbevölkerung hat man es immer noch mehr als üppig.

Annette wird im Januar 1827 30 Jahre alt und gilt damit schon als altes Fräulein, mit deren Verheiratung man eigentlich nicht mehr rechnet. Mehr denn je muss sie sich die Zeit fürs Dichten stehlen. Da sie selbst keinen eigenen Haushalt zu versorgen hat, hat sie der Mutter beizustehen und außerdem immer dann, wenn in der Verwandtschaft Not an der Frau ist, bereit zu sein zur Hilfe. Das betrifft vor allem den Dienst an verschiedenen Krankenbetten. Wird jemand aus der Familie krank, ist man froh, dass es Annette gibt, die ja, wie man annimmt, immer Zeit hat, ist sie doch ungebunden. Welch große Last man ihr damit aufbürdet! Die Dichterin gibt offen zu, dass sie all die Beschäftigungen nur unter Zwang und aus Gutmütigkeit annimmt. In Wirklichkeit hasst sie es, ganze Tage mit praktischen Dingen zuzubringen und die eigentliche Arbeit, das Schreiben, vernachlässigen zu müssen. Am Ende des Tages erst, wenn es dunkel wird, findet sie ein wenig Ruhe:

> *Doch wenn so Tag als Lust versank,*
> *Dann wirst du schon ein Plätzchen wissen,*
> *Vielleicht in deines Sofas Kissen,*
> *Vielleicht auf einer Gartenbank:*
> *Dann klingt's wie halb verstandne Weise,*
> *Wie halb verwischter Farben Gruß*
> *Verrinnt's um dich, und leise, leise*
> *Berührt dich dann dein Genius.*[20]

Abends, wenn alles andere getan ist, besteht die Möglichkeit zum Rückzug. Und in einem solchen Augenblick kann es sein, dass ein Gedicht entsteht. Stärker als vor dem Tod des Vaters lebt Annette nun in zwei Wirklichkeiten, der alltäglichen und der dichterischen. Die Not, nicht das innere Bedürfnis, zwingt sie dazu.

> *Von keines Herdes Pflicht gebunden,*
> *Meint jeder nur, wir seien grad'*
> *Für sein Bedürfnis nur erfunden,*
> *Das hilfsbereite fünfte Rad.*
> *Was hilft es uns, daß frei wir stehen,*
> *Auf keines Menschen Hände sehen?*
> *Man zeichnet dennoch uns den Pfad.*[21]

Vor allem die Arbeit an den Krankenbetten erschöpft Annette, und nachdem sie ihren jüngsten Bruder Ferdinand bis zu dessen Tod gepflegt hat, erkrankt sie selbst: Diagnose Nervenkrankheit, was immer das auch sein mag. Wenn Frauen Krankheitssymptome zeigen, wittert man zunächst einmal seelische Ursachen. Annette leidet an Kopf- und Brustschmerzen und die Augen machen ihr zu schaffen. Clemens von Bönninghausen, ein medizinischer Autodidakt, behandelt sie homöopathisch. Zur Homöopathie gehört ein intensives Gespräch mit dem Patienten, in dem er viel von sich erzählt. Erst dann kann das richtige Medikament gefunden werden. Annette ist eine willige Erzählerin und die Methode hat Erfolg, es geht ihr zusehends besser, nachdem sie dem Arzt ihre Albträume und Ängste gebeichtet hat. Ganz verschwinden die Symptome zwar nicht, aber sie kann wieder regelmäßig arbeiten.

Die zweite große Leidenschaft neben dem Dichten ist und bleibt für Annette die Natur. Nichts tut sie lieber, als beobachtend durch die Gegend zu spazieren, immer auf der Suche nach besonderen Tieren, Pflanzen und vor allem Steinen. Annette liebt seit der Kindheit Versteinerungen über alles.

Tief ins Gebröckel, in die Mergelgrube
War ich gestiegen, denn der Wind zog scharf;
Dort saß ich seitwärts in der Höhlenstube
Und horchte träumend auf der Luft Geharf.[22]

Die harte Abgeschlossenheit des Steines reizt Annettes Neugier. Sie möchte dahinter schauen, den Stein aufbrechen, um sein Geheimnis zu lüften. Winzig klein kommt sie sich vor in der Natur, einem dauernden Wechsel von Werden und Vergehen ausgesetzt. Eine Welt versinkt und eine andere kommt hervor, Annette erkennt darin ein Gesetz, dem auch sie ausgeliefert ist. Nichts bleibt für immer, wie es ist, wie intensiv hat sie das nicht schon selbst erlebt! Und es hat kein Ende damit. Im November 1831 stirbt Catharina Schücking, im August 1832 Annettes Lieblinscousin Clemens von Droste-Hülshoff. Nach außen lässt sich die

Dichterin nicht viel anmerken, aber im Innern brodelt es, das beweisen die vielen Krankheitsanzeichen: Brustschmerzen, Schlaflosigkeit, Ohrenschmerzen.

Hart trifft sie die Heirat der Schwester Jenny 1834 – bei aller Freude über das Glück. Jenny verlässt das Rüschhaus und Annette bleibt mit der Mutter allein zurück. Auch ein solcher Abschied bedeutet für sie Tod. Wie sie Abschiede hasst! Am liebsten hätte sie alle Freunde und Verwandten immer um sich und das bei der gleichzeitigen Sehnsucht nach Alleinsein, um sich dem Dichten widmen zu können.

Auf einer Teegesellschaft lernt Annette den Privatdozenten Christoph Bernhard Schlüter näher kennen und ist überglücklich, endlich einen neuen Gesprächspartner zu haben. Sie akzeptiert, dass Schlüter sich vor allem für die Literatur interessiert und über Persönliches nicht unbedingt reden möchte. »Stören sie sich nicht an meinen lamentablen Reden, es geht vorüber; und ich verdiene, daß sie Geduld mit mir haben, da ich sie, in gleichem Falle, ganz gewiß mit ihnen haben würde.«[23] Überhaupt wird sie nie zur Einsiedlerin, auch wenn sie häufig für Wochen allein ist, wenn die Mutter Verwandtenbesuche macht. Immer versucht Annette, alte Fäden weiterzuspinnen und neue Kontakte zu knüpfen. Freundschaften sind ihr nie zu viel und die Gespräche mit andern beflügeln ihren Geist und lassen keine Melancholie aufkommen.

Die Freunde, allen voran Schlüter, drängen Annette,

einer Herausgabe ihrer Gedichte zuzustimmen. Ein Verleger ist bereits gefunden: Hermann Hüffer. Ihm gehört der Münsteraner Verlag Aschendorff. Annette willigt nach längerem Zögern ein, schreibt aber erst an ihre Mutter, um deren Zustimmung zu bekommen. Man bedenke, dass hier eine 40-jährige Frau die Erlaubnis der Mutter benötigt, um ihr Werk veröffentlichen zu können! Annette möchte unter ihrem Namen publizieren. Auf Freiexemplare will sie verzichten aus einem seltsamen Grund: Sie weiß, dass die Verwandtschaft ihr Vorhaben als ungehörig ansehen wird. Um diese Haltung nicht zusätzlich zu provozieren, ist es ihr lieber, sich nicht gezwungen zu fühlen, ihre Freiexemplare an die Verwandten verschenken zu müssen.

Eine Überraschung erlebt Annette allerdings: Die Mutter zeigt sich begeistert und verteidigt diese Ansicht auch gegenüber den Kritikern um sie herum. Als am 11. August 1838 die ersten Gedichte von Annette von Droste-Hülshoff in einem Buch erscheinen, schreibt die Mutter kurz darauf an Jenny: »Es kommen hierbey auch 2 Exemplare von Nettens Gedichten, sie scheinen mir sehr schön zu seyn, übrigens gefallen sie nicht überall, alles, was zum gelehrten Stande gehört, ist für sie eingenommen, auch in der gebildeten Bürgerwelt machen sie Glück, aber der Adel ist fast allgemein dagegen, sie behaupten, sie wären unverständlich. Ich finde sie nicht unverständlicher wie die Gedichte von Walter Scot, die von Biron sind viel dunkler, aber ich glaube es verdrießt sie, daß ein adliges Fräulein sich so öffentlichen Meynungen aussetzt.«[24]

Annette ist nicht unzufrieden mit der Resonanz auf ihr Buch. Dass der Adel sich nicht einverstanden erklären kann mit den »schwierigen« Gedichten, macht ihr nichts aus. Sowieso hat sie ja mit den rückschrittlichen Tendenzen innerhalb ihres Standes große Probleme. Vor allem die extremen Katholiken und Protestanten sind ihr zuwider. Ob evangelisch oder katholisch, das spielt für Annette wie im Übrigen auch für ihre Mutter keine Rolle. In ihren Gedichten, auch wenn sie religiöse Fragen anschneiden, drückt Annette das aus, was ihr persönlich auf dem Herzen liegt. Sie schreibt keine Weltanschauungslyrik, hasst beschauliche Töne und denkt nicht daran, Werke zu verfassen, die auf dem Nachttisch einer frommen adligen Dame als schmückendes Kleinod herumliegen und beim Zubettgehen in die Hand genommen werden, um den ruhigen Schlaf zu fördern.

All meine Rede und jegliches Wort
Und jeder Druck meiner Hände
Und meiner Augen kosender Blick
Und alles was ich geschrieben
Das ist kein Hauch und ist keine Luft
Und ist kein Zucken der Finger
Das ist meines Herzens flammendes Blut
Das dringt hervor durch tausend Tore.[25]

Persönlicher Ausdruck steht hier gegen eine Literatur, die sich einer bestimmten öffentlichen Meinung anbiedert. Annette ist mutig genug, sich als schreibendes adliges Fräulein gegen die Anfeindungen ihrer gesellschaftlichen Schicht zu wehren.

Anfang 1839 beginnt eine neue, die aufregendste Phase in Annettes Leben. Sie lernt Levin Schücking, den Sohn der geliebten Dichterin Catharina Schücking, kennen. Zuerst kann sie ihn gar nicht leiden. Der 34-Jährige macht einen aufgeblasenen und eitlen Eindruck auf sie. Sie trifft ihn aber wieder und wieder, vor allem im sonntags stattfindenden literarischen Salon von Elise Rüdiger, die 15 Jahre jünger ist als Annette und Frau eines preußischen Regierungsrats.

Levin Schücking wird der Dichterin immer interessanter. Er selbst betrachtet Annette schon bald als »Seelenfreundin«. Als ihre Mutter einmal für mehrere Wochen verreist ist, besucht er sie oft. Das bringt die klatschsüchtigen Münder in Bewegung. Annette ärgert sich, ist sich selbst aber höchst unsicher über den Charakter ihrer Gefühle. Die beiden gehen phantasievoll und sanft miteinander um. Levin nennt Annette »Mütterchen« oder »Tantchen«, was auf keinen Fall diskriminierend verstanden werden darf. Darin nämlich steckt eine eigene Art von Zärtlichkeit. Annette gebraucht die Ausdrücke »kleiner Junge«, »unartiger

Junge«, »frommes Kind«, wenn sie ihn im Brief anspricht. Es entspinnt sich eine verspielt rätselhafte Beziehung, von der beide in bisher nicht gekanntem Maße profitieren.

Auch literarisch arbeiten sie zusammen. Schücking wirkt als Herausgeber eines Bandes über Westfalen, für den Annette einen Beitrag liefert. Schücking ist ein unerbittlicher Kritiker, auch was Annettes Gedichte angeht. Das gefällt ihr, sie liebt es, wenn höchste Ansprüche an ihr Werk gelegt werden. Und so ist er es, der als Erster eine Novelle vorgelesen bekommt, die um 1840 beendet wird: »Die Judenbuche«. Annettes alte Themen Schuld, Recht und Unrecht, Freiheit und Gebundenheit, Natur, Gesellschaft und Religion prägen die Handlung. Schücking ist begeistert von der Erzählung. Es ist ihm ganz selbstverständlich, Annette als Dichterin ernst zu nehmen. Für ihn ist sie kein dilettierendes Frauenzimmer, das besser anderen Pflichten nachkäme.

1841 soll Annette nach Meersburg am Bodensee auf die dortige Burg fahren, die auch im Besitz der Droste-Hülshoffs ist.

Ende September kommt sie an, bereits Anfang Oktober ist auch Levin Schücking zu Besuch auf der Burg und bleibt. Die Bibliothek von Annettes Schwager soll er angeblich ordnen, aber natürlich mutmaßen die Leute andere Dinge. Die beiden stört das nicht weiter. Sie unternehmen täglich ihren gemeinsamen

Spaziergang und kehren anschließend in einem Gasthaus am See ein.

> *Ist dies nicht ein heit'rer Ort, mein junger Freund,*
> *Das kleine Haus, das schier vom Hange gleitet,*
> *Wo so possierlich uns der Wirt erscheint,*
> *So übermächtig sich die Landschaft breitet;*
> *Wo uns ergötzt im neckischen Kontrast*
> *Das Wurzelmännchen mit verschmitzter Miene,*
> *Das wie ein Aal sich schlingt und kugelt fast,*
> *Im Angesicht der stolzen Alpenbühne.*[26]

Sechs Monate währt die schöne Zeit, dann nimmt Levin Schücking eine Stelle als Erzieher an und verlässt die Meersburg. Sein Abschiedstag ist der 2. April 1842.

Annette macht sich keine Illusionen. Sie weiß, dass der junge Mann am Anfang seines Lebens steht, während sie sich auf das Alter vorbereitet. Die Trauer ist groß, aber Annette versinkt nicht in Hoffnungslosigkeit. Sie resigniert nicht, sondern drückt weiterhin ihre Wünsche aus. Noch immer leidet sie unter ihrer Frauenrolle, noch immer ist es ihr Bedürfnis, darüber zu schreiben. Schließlich ist der Mann weggegangen, hinaus in ein neues Leben, und sie bleibt zurück, im Haus, wie es sich gehört für die Frau.

Wär' ich ein Jäger auf freier Flur,
Ein Stück nur von einem Soldaten,
Wär' ich ein Mann doch mindestens nur,
So würde der Himmel mir raten;
Nun muß ich sitzen so fein und klar,
Gleich einem artigen Kinde,
Und darf nur heimlich lösen mein Haar
Und lassen es flattern im Winde.[27]

Annette fühlt aber keine Lähmung der Kreativität, auch wenn ihr Schücking unendlich fehlt. So heißt es im ersten Brief nach der Trennung: »Sobald ich diesen Brief geschlossen, gehts con furore ans Werk, – ich bin wieder in der fruchtbaren Stimmung, wo die Gedanken und Bilder mir ordentlich gegen den Hirnschädel pochen, und mit Gewalt ans Licht wollen.«[28] Annette braucht die Menschen, zeitlebens begleiten sie Verlustängste.

Was jedoch nie unter den äußeren Umständen leidet, ist ihre Schaffenskraft. In der Literatur verarbeitet sie alles, was sie erlebt, beobachtet, kennen lernt. Die Gedichte sind Ausdruck ihres Wesens und der Zeit, in der sie lebt. Sie sprechen von ihrer Liebe zur Natur und zu den Menschen, von der Einsamkeit und der Beziehung zu Gott. In ihnen findet sie Bilder für die Kluft zwischen Tradition und Selbstverwirklichung, die sie in sich selber spürt und bei anderen wahrnimmt. Annette hat das Talent, bei sich zu

sein und gleichzeitig ihre Umgebung genau zu beobachten.

Im Juli 1842 fährt sie nach Rüschhaus zurück. Gesundheitlich geht es ihr nicht gut. Die Bronchien
machen ihr zu schaffen. Ob da das raue westfälische
Klima richtig ist?

Es wird wieder schwieriger mit der Freiheit, die
Nähe der Mutter macht, dass Annette Levin Schücking vorschlägt, in den Briefen vom vertraulichen
»Du« abzusehen, man weiß ja nie! Zumindest eine
Freundin hat sie weiterhin in Elise Rüdiger, bei der sie
Schücking kennen gelernt hatte. Elise nimmt Anteil
an Annettes Arbeit und steht in allen Dingen zu ihr.
In einem Brief von Elise Rüdiger heißt es: »Ich wollte,
wir wohnten zusammen, mein Elischen, daß sie mich
täglich mit ihrer Milde und Begeisterung ein wenig
anspritzten, es würden gute Gedichte darnach wachsen und wohl noch Besseres als Gedichte.«[29]

Was Levin Schücking betrifft, so passiert, was passieren muss: Er verliebt sich in eine Frau, Louise Gall,
die ein Jahr jünger ist als er. Sie ist eine bekannte
Schönheit, und Schücking spürt, obwohl er sie noch
nicht gesehen hat, den Wunsch, sich mit ihr zu ver-
loben. Sie tun es, ohne sich vorher getroffen zu haben.
Es kommt Annette zu Ohren, sie ist vorbereitet gewesen, natürlich, schließlich weiß sie um ihr Alter, aber
dass er sozusagen die Katze im Sack gekauft hat, will

ihr nun doch nicht einleuchten. Sie schreibt dem Freund: »... sie kann vollkommen schön, überhaupt tadellos liebenswürdig seyn, und doch irgend einen kleinen Haken haben, – einen Zug um den Mund – Blick – Ton der Stimme – der es dir gänzlich unmöglich macht, sie zu heurathen, dergleichen kommt ja alle Tage vor.«[30] Annette argumentiert vorsichtig, aber man hört dennoch die untergründig wirkende Eifersucht. Trotz aller Einsicht ist sie tödlich getroffen, Herz und Verstand reagieren verschieden.

Alle Argumente nützen nichts: Der »kleine Junge« verlobt sich im Juni 1843. Annette gibt sich noch nicht geschlagen: »Jetzt bittet dein Mütterchen dich aber noch einmahl, und es ist die letzte Bitte, von deren Erfüllung noch Vieles abhängen kann (nachher ist alles abgeschlossen, und was dich schweres treffen mag, muß hoffnungslos getragen werden), heurathe nicht so leichtsinnig, wie du dich verlobt hast.«[31]

Am 7. Oktober des gleichen Jahres findet die Hochzeit statt. Die Beziehung Annettes zu Schückings Frau wird immer gespannt sein, obwohl Louise sich um die Dichterin bemüht. Annettes Trauer um den Verlust des Freundes wiegt schwerer als alle rationalen Überlegungen.

Schücking hat eine Stelle bei der Augsburger »Allgemeinen Zeitung« bekommen. Sie gehört dem Cotta-Verlag und das hat einen großen Vorteil für Annette: Ihre Gedichte können erscheinen. Das Honorar ist sehr gut, sie kann das Geld ins Fürstenhäuschen auf der Meersburg fließen lassen, das sie auf einer Versteigerung erstanden hat. Die Dichterin als Grundbesitzerin!

Im Mai 1844 kommt es zum ersten Mal zu einem Besuch der frisch vermählten Schückings. Sie verweilen nicht lange und für ein vertrauteres Zusammensein bleibt keine Möglichkeit. Alles hat sich gewandelt, auch Annette: »Ich fand diese leider sehr verändert. Ihre Gesundheit war – vielleicht hatte ich es früher bei stetem Zusammenleben nicht wahrgenommen – doch ein gewaltig schwächliches und gebrechliches Ding.«[32] So Levin Schücking in Erinnerung an die paar Tage bei seinem »Mütterchen«. Das Leben mit seiner jungen Frau hat ihm den Kontrast deutlich vor Augen geführt. Annette ist schon längst nicht mehr die Jüngste. Sie kränkelt, ist ziemlich dick geworden und die Sorge um den Verlust des geliebten Freundes wird sich in ihr Gesicht eingegraben haben. Die alten Orte, an denen sie gemeinsam waren, besucht sie fast nicht mehr, es ist, als wolle sie ein Stück allzu schöne Vergangenheit tilgen oder wenigstens so tun, als könnte sie es. In ihrer Phantasie lebt die alte Zeit umso intensiver:

Lebt wohl, es kann nicht anders sein!
Spannt flatternd eure Segel aus,
Laßt mich in meinem Schloß allein,
Im öden, geisterhaften Haus.

Lebt wohl und nehmt mein Herz mit euch
Und meinen letzten Sonnenstrahl;
Er scheide, scheide nur sogleich,
Denn scheiden muß er doch einmal.

Laßt mich an meines Seees Bord,
Mich schaukelnd mit der Wellen Strich,
Allein mit meinem Zauberwort,
Dem Alpengeist und meinem Ich.

Verlassen, aber einsam nicht,
Erschüttert, aber nicht zerdrückt,
Solange noch das helle Licht
Auf mich mit Liebesaugen blickt.

Solange mir der frische Wald
Auf jedem Blatt Gesänge rauscht,
Aus jeder Klippe, jedem Spalt
Befreundet mit der Elfe lauscht.

Solange noch der Arm sich frei
Und waltend mir zum Äther streckt
Und jedes wilden Geiers Schrei
In mir die wilde Muse weckt.[33]

Es ist die Dichtung, die ihr bleibt, wenn alles andere vergeht. Zu schreiben gibt ihr die Kraft, weiter zu leben, ist Ansporn, ein Feuer, das nicht verlöscht. Gedichte können zaubern, sie erschaffen eine Welt, die es sonst nicht gäbe, sie verwandeln die Wirklichkeit, geben der Phantasie eine Stimme. Annette kann nicht einsam sein, weil sie die Worte hat.

Im September 1844 erscheint bei Cotta der zweite Gedichtband. Schücking hat ein Gefühl für das, was das Publikum will, und ordnet nach diesem Gesichtspunkt die Gedichte an. Er hat Sinn für das Geschäft, wogegen Annette nichts einzuwenden hat. Sie möchte gelesen werden und als Dichterin Anerkennung finden und so der landläufigen Meinung entgegentreten, wonach nur Männer geniale Dichter sein können.

Annette lebt mehr schlecht als recht im Rüschhaus. Die Krankheitsphasen nehmen zu. Außerdem hat sie die Pflege ihrer alten Amme, Maria Catharina Plettendorf, übernommen, für die sie nie aufgehört hat, höchste Liebe und Dankbarkeit zu empfinden. Die Alte muss rund um die Uhr versorgt werden, was Annette mit Freude tut, wenn ihr auch dadurch wieder mal die Zeit zum Dichten fehlt. Und ihre Freundin Elise Rüdiger wird sie verlassen müssen, da deren Mann versetzt wird. Wie Annette Abschiede hasst! »Sie müssen wirklich fort; – Ich hatte dies schon von mehreren Seiten gehört, und konnte eigentlich nicht mehr daran zweifeln, aber Ihre Bestätigung war mir doch wie ein Donnerschlag.«[34]

Am ärgsten aber trifft Annette ein Roman, den Levin Schücking geschrieben hat und der den endgültigen Abschied herbeiführt. Das unselige Buch hat den Titel »Die Ritterbürtigen«. In der Person der Allgunde von Quenheim erkennt sich Annette wieder. Sie ist außer sich. »Es war häßlich geworden, dieses Antlitz, in dem durch die gelbe Farblosigkeit der Wangen sich dunkelrote Äderchen schlängelten und über der Stirn strotzende Venen aufliefen, während die großen starren Augen Blitze schossen, als ob ein paar von harten, kalten Dämonen sich da eingenistet.«[35]

Für Annette ist Schücking zum Verräter an ihrer so einzigartigen Beziehung geworden. Er hat in ihren Augen ein »scheußliches Buch« geschrieben. Später, nach Annettes Tod, wird Schücking die Entgleisung bedauern, aber da hat sie nichts mehr davon. Mag sein, dass Schücking verzweifelt und unsicher war, ob er mit der Heirat das Richtige getan hatte. Mag sein, dass er sich von der starken Frau, die Annette von Droste-Hülshoff für ihn darstellte, lösen wollte. Sicher war seine Lage nicht einfach. Aber Annette muss durch den Roman in Resignation verfallen. Die Grenze des Erträglichen ist überschritten und ihr Körper rächt sich. Manchen Tag bleibt sie im Bett liegen.

Zum Glück kommt im Mai 1846 Elise Rüdiger zu Besuch. Die alte Freundschaft belebt sich neu, Annette genießt jede Stunde, vielleicht im Bewusstsein, dass sie nach Elises Abreise wieder in Traurigkeit verfallen wird. Es ist ein hart errungenes Glück, immer am Rande des Umkippens.

In der Tat, ist Elise kaum weg, da beginnt die alte Leier wieder: Atemnot, Zahn- und Ohrenschmerzen, schlechte Augen. Annettes Vorstellungskraft jedoch ist reger denn je. »… meine Phantasie arbeitet nur zu sehr, und ich muß aus allen Kräften dagegen ankämpfen. – Jede etwas unebene Stelle an der Wand, ja jede Falte im Kissen, bildet sich mir gleich zu, mitunter recht schönen, Gruppen aus, und jedes zufällig gesprochene etwas ungewöhnliche Wort, steht gleich als Titel eines Romans oder einer Novelle vor mir, mit allen Hauptmomenten der Begebenheit.«[36]

Es ist Anfang 1848. Die Revolution bricht aus, zunächst in Frankreich, wo am 24. Februar König Louis Philip abdanken muss. Am 18. März kommt es in Berlin zu einem Barrikadenkampf. In Konstanz, das Meersburg direkt gegenüberliegt, werden die gleichen Forderungen erhoben wie überall in Deutschland: Rede- und Pressefreiheit, eine Bürgerwehr statt des obrigkeitsgehorsamen Militärs. Alle sollten an Gesetz und Verfassung gebunden sein, auch die Regierenden. Die Zeichen zeigen in eine neue Zeit.

Die revolutionären Umtriebe in Deutschland bekommt Annette mit, ist aber nicht mehr in der Lage, ein ausgewogenes Urteil zu fällen. Ihre Erschütterung

ist groß, sie kann sich schwer beruhigen. Sie ist über-
ängstlich und wünscht nichts so sehr wie Ruhe und
Sicherheit. Am 24. Mai 1848 stirbt sie allein im Turm-
zimmer auf der Meersburg.

»Ich wohne in der Möglichkeit«
Emily Dickinson (1830–1886)

Es ist Mittagspause in Amherst College. Emily schlendert ein wenig verloren durch die Gänge des weitläufigen Gebäudes. Abiah, ihre beste Freundin, steht mit ein paar Mädchen zusammen in einer Ecke und unterhält sich angeregt. Sie scheint Emily nicht zu bemerken. Was soll das? Mag sie mich nicht mehr? Warum schaut sie nicht wenigstens her und grüßt? Emily ist seltsam zumute, wie immer, wenn sie den Eindruck hat, zu wenig Aufmerksamkeit zu bekommen. Hat sie es doch schon mit den Eltern schwer genug, vor allem mit dem Vater, der sich nur immer um den Sohn Austin kümmert. Dabei hätte Emily so viel zu besprechen, ihr Kopf ist voll von ernsthaften Gedanken über Gott und den Lauf der Welt. Muss man notgedrungen einsam bleiben, wenn man sich nicht einfach anpassen kann? Diese Frage beschäftigt das junge Mädchen von Tag zu Tag mehr.

Amherst ist eine kleine Farmergemeinde im Staat Massachusetts. Weniger als 3000 Menschen wohnen hier. Der Alltag der Leute ist wohl geordnet, der Kirchgang am Sonntag selbstverständlich. Das Haus, in dem Emily Dickinson am 10. Dezember 1830 geboren wird, liegt an der Hauptstraße und wurde 1813 vom Großvater väterlicherseits gebaut. Die Leute sagen, es sei das erste Backsteinhaus in Amherst gewesen. Emily ist das zweite Kind der Dickinsons. Ein Jahr zuvor wurde ihr Bruder Austin geboren.

Der Vater, Edward Dickinson, hat wie sein eigener Vater den Juristenberuf gewählt. Er ist ein konservativ ausgerichteter Mensch, tief religiös und von großem Pflichtbewusstsein. Von seiner Frau Emily, geborene Norcross, erwartet er das Gleiche. Auch sie stammt aus einer kleinen Farmergemeinde und hat Edward 1826 geheiratet. Sie akzeptiert die Vorstellungen ihres Mannes, lebt zurückgezogen, hält das Haus in Ordnung und widmet sich der Erziehung ihrer Kinder. Darüber hinaus erlaubt sie sich als einzige weitere Aktivität ein Engagement bei kirchlichen Festen, sie backt und kocht und näht für die Armen. Als 1833 die zweite Tochter Lavinia geboren wird, hat die Mutter alle Hände voll zu tun. Finanziell braucht die Familie sich keine Sorgen zu machen, der Vater hat ein gutes Einkommen.

Dennoch ist das Familienleben nicht ohne Spannungen. 1870 schreibt die Dichterin in einem Brief: »Ich hatte nie eine Mutter. Ich nehme an, eine Mutter ist jemand, zu dem man eilt, wenn man verwirrt ist.«[1]

Emilys Mutter neigt zu Überängstlichkeit und reagiert leicht hypochondrisch. Es kann gut sein, dass ihre Frömmigkeit für diese Verhaltensweisen mit verantwortlich ist. Die Trinity-Church, bei der die Dickinsons Mitglieder sind, erwartet Demut gegenüber Gott, dem man sich grundsätzlich nicht über den Verstand, sondern allein mit dem Gefühl nähern soll. Die Menschen müssen sich, ohne groß Fragen zu stellen, von Gott ergreifen lassen. Und so versucht Emilys Mutter gar nicht erst, das Denken einzuschalten, wenn es um die Lösung von Problemen geht.

Tochter Emily ist anders geartet, sie mag es, nachzudenken und zu rätseln, was es wohl mit allem, mit dem Leben und mit Gott, auf sich haben könnte. Damit steht sie allein da, aber sie muckt trotzdem nicht gegen die Mutter auf. Sie bleibt immer eine liebe, verständnisvolle Tochter und zeigt nach außen niemals eine Form von Ablehnung. In ihrem Innern sieht es anders aus. Da bäumt sich alles auf gegen die Strenge und Starrheit der Eltern. So wie die Mutter will Emily auf keinen Fall werden, so unselbstständig, so abhängig vom Ehemann. Wie genau ihr Leben einmal aussehen soll, weiß sie allerdings noch nicht. Unvorstellbar, sich an der jährlich stattfindenden Kuh-Show im Dorf zu beteiligen wie die Mutter oder bei den Kirchenversammlungen Getränke auszuschenken und mit ewig lächelndem Gesicht herumzustehen und sich zu langweilen. Niemals wird Emily das akzeptieren.

Nach dem Besuch der Grundschule kann Emily mit zehn Jahren in die Amherst Academy eintreten. Endlich fühlt sie sich am richtigen Ort. Emily blüht auf, ihre intellektuellen und musischen Fähigkeiten werden an dieser Schule gefördert. Ein intensiver Kontakt zwischen Schülern und Lehrern ist kennzeichnend für das pädagogische Konzept der Amherst Academy.

Auch viele Freundinnen hat Emily hier, so dass ihr Leben fröhlicher und unbeschwerter wird. Sie neigt zwar zu großer Nachdenklichkeit, aber das hindert sie nicht daran, Spaß zu haben und ausgiebig zu lachen, wenn Grund dazu besteht. Ihr Witz ist scharf und sie erntet mit ihren spitzen Bemerkungen nicht immer ungeteilten Beifall. Mit der besten Freundin, Abiah Root, spielt sie zusammen aus dem Stegreif Zwei-Personen-Stücke. So treten sie zum Beispiel vor Schülern und Lehrern als Platon und Sokrates auf und improvisieren ein philosophisches Gespräch zwischen den beiden.

Emily hat ein sehr enges Verhältnis zu ihrem Bruder Austin. Als er 1842 das Haus verlässt, um auf ein Internat zu gehen, fühlt sie sich verlassen. Das Haus ist plötzlich viel leerer geworden. Emily hilft sich ein wenig aus der trübsinnigen Stimmung heraus, indem sie unzählige Briefe schreibt, die nicht immer beantwortet werden, was sie in noch größere Traurigkeit stürzt. »Wir vermissen dich sehr und du kannst dir nicht vorstellen, wie öde es hier ohne dich ist. Mit dir war es immer so fröhlich«[2], schreibt sie an Austin.

Emily wird eine begeisterte Briefeschreiberin bleiben. Austin ist eines ihrer ersten »Opfer« und sie hat an ihn wie an jeden anderen ihrer Briefpartner einen hohen Anspruch: Sie wünscht sich prompte und ausführliche Antwort. Hinter dem ruhigen, bescheidenen Auftreten verbirgt sich eine fordernde, extrem anspruchsvolle Person.

In der Schule zeigt Emily großen Ehrgeiz. Das betrifft alle Gebiete: Sie möchte auch unbedingt ein Musikinstrument lernen, am liebsten Klavier. Vater und Mutter haben dafür keinen Sinn, aber sie können sich den wiederholten flehentlichen Bitten der Tochter nicht dauerhaft entgegenstellen und so bekommt sie 1845 endlich das ersehnte eigene Instrument. Emily mag vor allem die Mischung aus Klarheit und Träumerei, die sie in der Musik findet. Das kommt ihrem Charakter sehr entgegen. Sie träumt gern, hat aber auch ein ausgesprochenes Faible für Probleme, die nach einem knallharten Verstand verlangen.

In einem so religiös ausgerichteten Elternhaus kann es fast nicht ausbleiben, dass ein Kind mit besonderen intellektuellen Fähigkeiten auch Gott und die Bibel zum Thema eigener Reflexionen macht. Emily ist nicht der Typ, der den von Vater und Mutter vorgelebten Glauben einfach übernimmt. Was ihr dazu einfällt, entspringt einzig dem inneren Bedürfnis, einem völlig natürlichen, nicht von außen kommenden Hang zum Philosophieren. Lektürehilfen irgendwelcher Art oder gar Gespräche über dieses Thema in der

Familie gibt es nicht. Aufschreiben hilft beim Sortieren der Gedanken und Emilys Spezialität sind jetzt schon Gedichte mit philosophischem Gehalt. In ihnen kann sie sich am besten ausdrücken.

> *Mich dünkt die Erde kurz –*
> *Und unbegrenzt die Qual –*
> *Verwundet viele –*
> *Doch wozu das?*

> *Mich dünkt der Tod gewiß –*
> *Das stärkste Lebensband –*
> *Hält dem Verfall nicht stand –*
> *Doch wozu das?*

> *Mich dünkt, im Himmel oben –*
> *Wird alles aufgewogen –*
> *Die Gleichung neu gezogen –*
> *Doch wozu das?*[3]

Die Frage nach dem Warum ist quälend und keiner, auch nicht die Kirche, weiß eine Antwort. Emily muss sich ganz allein und auf ihre Weise damit auseinander setzen. Sie ist erst 15 Jahre alt und die Grundzerrissenheit ihres Wesens tritt bereits zutage: Sie mag gern mit andern Menschen zusammen sein, liebt ihre Eltern und Geschwister, aber sie spürt, dass es Dinge gibt, über die sie schwer mit jemandem sprechen kann; Fragen, die sie daran hindern, unbeschwert zu leben. Ihre Vorbilder sind berühmte Schriftstellerinnen wie Elizabeth Barrett-Browning, George Eliot und George Sand.

Emilys Gesundheit ist zu dieser Zeit nicht die beste. Sie leidet immer häufiger unter hartnäckigen Bronchitis-Attacken und fehlt über Wochen in der Schule. Diese von Emily ungewollten häuslichen Ruhezeiten begünstigen den Hang zu Grübeleien. Stoff hat sie mehr als genug. Vor einem Jahr ist ihre Freundin Sophia Holland gestorben, Anlass für ein sensibles, tiefschürfendes Mädchenhirn, über die Zerbrechlichkeit des Lebens nachzudenken. Emily grübelt über Unsterblichkeit und Freiheit, über Gut und Böse, über Mensch und Natur. All diese grundsätzlichen Fragen lassen ihr Inneres nicht zur Ruhe kommen. Auch eine Reise nach Boston zu einer Schwester der Mutter hilft über die Melancholie nicht hinweg. Emily kann nichts verdrängen.

Die langen und harten Winter in Amherst begünstigen ihre düsteren Stimmungen. Abschieds- und Verlustängste plagen sie. Mit den Eltern kann sie darüber nicht sprechen. Die würden Unsicherheiten nie offen zugeben. Emily weiß zwar, dass auch die Mutter Ängste kennt und sich nicht restlos aufgehoben fühlt im Glauben, aber anders als ihre Tochter würde sie das nicht offen zugeben und ist eine große Verdrängungskünstlerin. Leiden und schweigen, seine Arbeit tun und nicht zu viel vom Leben erwarten, so heißt die Devise der Mutter.

Emily aber macht sich nichts vor: Dieser Gott, der junge Menschen sterben lässt, ist nicht gütig, sondern grausam. Dennoch klammert sich Emily auch an den Glauben. Sie hat Angst vor der Kälte und der totalen Perspektivlosigkeit, die es mit sich bringen würde, wenn sie Gott fallen ließe. Irgendwie würde die Sinnsuche ins Leere führen. Emilys lebenslanger Kampf um den Glauben hat begonnen. Nichts kann sie darin beschwichtigen, jeden Zweifel lässt sie zu, jeder noch so trostlose Gedanke wird zu Ende gedacht. Nur wenige Freunde werden davon etwas mitbekommen, denn es ist ein stiller, tief im Innern stattfindender Kampf, weitab von der bigotten gesellschaftlichen Heuchelei, die im Dorf herrscht.

Emily ist reif für einen Schulwechsel. Nach dem Aufenthalt bei Tante Lavinia tritt sie in die Mädchenschule von Mount Holyoke ein. Die Leiterin, Mary Lyons, eine Ehrfurcht gebietende Erscheinung, ist gleichzeitig die Gründerin der Schule. Mit großem Ernst und unbeugsamem Glauben macht sie ihren Zöglingen täglich aufs Neue klar, dass der Unterricht kein Vergnügen bereiten soll, sondern als harte Pflichtausübung anzusehen ist. Es gibt kein Entrinnen und die Bibel dient als Grundlage für alles Lernen.

Überhaupt scheint gerade eine »Erweckungswelle« durch die Gegend zu gehen, wie es sie in Amerika immer wieder gibt. Viele Menschen fühlen sich stärker mit Gott verbunden als je, sie vertrauen auf ihre persönliche Gotteserfahrung. Auch Emilys Freundin Abiah bleibt davon nicht unberührt, Emily dagegen setzt sich ganz anders mit dem Glauben auseinander: »Das Ufer ist sicher, Abiah, aber ich mag es, das Meer aufzuwühlen – und ich zähle die elenden Wracks hier in diesem angenehmen Gewässer, und höre die murmelnden Winde, aber oh, ich liebe die Gefahr.«[4]

Emily braucht den Glauben nicht als Hilfe für das Bestehen des täglichen Lebens. Viel eher reizt sie die intellektuelle Herausforderung, die Gott für sie darstellt. Emily schätzt aber nicht jede Gefahr. Sie wagt sich zwar im Bereich der Religion weit hinaus aufs freie Gewässer, doch sie braucht die Sicherheit des Elternhauses. Was für andere der Glaube ist, ist für die Dichterin ihr Heim. Emily leidet, sobald sie in der Ferne weilt, so wie jetzt im Internat von Holyoke, unter extremem Heimweh und Alpträume lassen sie nicht schlafen. Einmal träumt sie, ihr Vater würde beruflich versagen und ihre Mutter würde das Weizenfeld, das sie und Emily gemeinsam angepflanzt haben, verkaufen. Dieser Traum lässt ihr keine Ruhe. Sie fragt beim Bruder nach, und erst als der sie von der schlimmen Vorstellung befreit, ist ihre innere Ruhe wiederhergestellt.

Im Sommer 1848 verlässt Emily die Schule, weil sie es vor Heimweh nicht mehr aushält. Die Beziehung

zwischen den drei Geschwistern ist sehr innig. Dabei sind sie durchaus verschieden. Vor allem Emily kann ohne Bruder und Schwester nicht sein. Austin und Lavinia, die inzwischen von fast allen nur noch Vinnie genannt wird, wirken auch äußerlich robuster. Bei Austin überwiegt die Entschlossenheit, während Lavinias volles Gesicht die für die Zeit typische weibliche Demut und stille Ergebenheit widerspiegelt. Emily hingegen ist mit 18 Jahren noch immer sehr zart. Ihr feines Gesicht mit der breiten Nase und den träumerischen Augen wirkt sanft. Um den Mund hat sie einen kecken, spöttischen Zug. Wie ein heranwachsendes Hausmütterchen sieht sie nicht aus, eher wie jemand, bei dem ein geheimnisvolles Innenleben zu vermuten ist.

Emily steht in dem Zwiespalt, ihre Familie und die Freunde zu lieben, ohne sie nicht leben zu können und doch das Bewusstsein der »Andersartigkeit«, der Fremdheit und Einsamkeit zu haben.

> *Wahnsinn ist oft der höchste Sinn –*
> *Für den, der ihn versteht –*
> *Und Sinn – der tollste Wahnsinn oft –*
> *Nur die Majorität*
> *Entscheidet hier wie überall –*
> *Wer zustimmt – ist gesund –*
> *Wer abweicht – ist gefährlich – und*
> *Braucht Ketten wie ein Hund –*[5]

Der intensivste Kontakt zu einem jungen Mann ist der zu Ben Newton, einem neun Jahre älteren angehenden Juristen, den sie über ihren Vater kennen lernt. Er ist nicht wie der Vater auf seinen Beruf fixiert, sondern interessiert sich auch für Literatur. So kann Emily mit ihm über Gedichte sprechen, eine Bedingung für alle ihre Freundschaften, die diesen Namen wirklich verdienen. Emily mag mit niemandem befreundet sein, der keinen Bezug zur Literatur hat. Leider verlässt Ben 1849 Amherst und zieht nach Worcester. Vier weitere Jahre bleiben sie in Briefkontakt, bis Ben plötzlich stirbt. Emily stürzt wieder einmal in tiefe Niedergeschlagenheit und religiöse Grübeleien. Von allen jungen Männern, mit denen sie in diesen Jahren zu tun hat, ist Ben Newton der einzige, den sie auch später erwähnt. Er war ihr ein wichtiger Lehrer und nach seinem Tod schreibt sie an den Pfarrer, der ihn beerdigt hat: »Herr Newton wurde für mich zu einem milden, wenn auch ernsthaften Lehrer, der mich lehrte, was ich lesen solle, welche Autoren zu bewundern seien, was am größten oder schönsten sei in der Natur, und er erteilte mir eine noch zartere Lektion, nämlich den Glauben an die unsichtbaren Dinge, und an ein edleres und verletzlicheres Leben.«[6]

Emily fühlt sich durch die Gespräche mit Ben bestärkt in dem, was sie immer schon dachte, nämlich dass ein Leben, das nicht einfach vor sich hin plätschert, nie leicht sein kann. Ein Mensch, der wirklich nachdenkt, wird immer wieder an Grenzen stoßen. In Ben Newton hatte sie jemanden gefunden, der sie ein Stück begleiten konnte und der ihr die Gewissheit gab, dass sich ein solches Leben lohnt. Er selbst äußerte einmal den Wunsch, erst dann sterben zu wollen, wenn Emily eine anerkannte Dichterin geworden sei. Leider ging dieser Wunsch nicht in Erfüllung. Bens Tod bedeutet für Emily einen solchen Verlust, dass sie sich fortan ein Leben ohne Schmerz überhaupt nicht mehr vorstellen kann. Auch das drückt sie im Gedicht aus.

Der Schmerz hat einen blinden Fleck –
Es bleibt ihm unbekannt,
Wann er begann – noch ob die Zeit
Vor seiner Zeit bestand –

Er hat als Zukunft nur sich selbst –
Sein Endlossein verleiht
Vergangenem ein Vorgefühl
Von neuer Schmerzenszeit.[7]

Es wird stiller um Emily. Sie zieht sich immer stärker zurück, woran allerdings der Vater nicht ganz unschuldig ist. Die meisten jungen Leute, die seine Tochter kennt, passen ihm nicht, sind ihm zu unpraktisch und tiefsinnig. Hinzu kommt, dass die Mutter zusehends mehr kränkelt, was nach Meinung der Ärzte wohl psychosomatische Ursachen hat. Emily übernimmt die Pflege, wodurch sie noch intensiver ans Haus gefesselt ist. Sie steht unter großem inneren Druck. Einerseits ist sie eine junge Frau, die intensive Gespräche liebt, andererseits hängt sie an ihrem Elternhaus und hat keine Mühe damit, allein in ihrem Zimmer zu sein, wo sie nachdenkt und Gedichte schreibt. Ihr schrittweiser Abschied von der Welt draußen ist nicht in allen Teilen freiwillig, sondern in mancher Hinsicht auch eindeutig erzwungen. Sie hat nicht die Kraft, sich den Zwängen, die die Familie ihr auferlegt, tatkräftig zu widersetzen.

Emily Dickinson zieht sich in ihre dichterische Welt zurück. Sie wird zwar nie ohne Freundschaften sein, aber diese Beziehungen erhalten ihr Besonderes dadurch, dass der eine Teil, nämlich Emily, fast die ganze Zeit zu Hause verbringt und einen intensiven Briefwechsel häufigen Besuchen vorzieht.

Im Mittelpunkt stehen mehr und mehr die Gedichte. Hier laufen alle Fäden zusammen, das Koordinatensystem ihres Lebens findet sich in den sprachlichen Gebilden, die sie erschafft.

Ich wohne in der Möglichkeit –
Ihr Haus ist im Vergleich
Viel schöner – tür- und fensterreich –
Als die Alltäglichkeit –

Mit Zimmern wie die Zedern –
Geschützt vor jeder Schau –
Und als ein dauerhaftes Dach
Des Himmels Giebelbau –

Mit dem erlesensten Besuch –
Mein einziges Tagwerk dies –
Die schmalen Hände weit gespreizt,
Greif ich das Paradies –

Emily sieht in der Phantasie die einzigartige Chance, der Enge des Alltags zu entkommen. Es gibt in diesem Reich viele Türen und Fenster, durch die der Blick sich lohnt, und manchmal hat man Glück und schaut direkt ins Paradies.

Emilys Bruder Austin hat inzwischen eine interessante Frau kennen gelernt, die er am liebsten so bald wie möglich heiraten würde: Susan Gilbert. Sie kommt aus gutem Haus, ist gebildet und wohlerzogen, fröhlich und begabt. Emily ist fasziniert von ihr und überglücklich, als sie die Freundschaft dieser zauberhaften jungen Frau gewinnen kann. Mehr als die zurückhaltende, ein wenig steife Lavinia weckt Susan schwesterliche Gefühle in Emily und sie vertraut der zukünftigen Schwägerin viele ihrer Gedichte an.

Als die Hochzeit von Susan und Austin näher rückt, lässt der Vater für das junge Paar in der direkten Nachbarschaft ein neues Haus bauen, das den Namen »The Evergreens« erhält.

Damit soll die Zusammengehörigkeit der Familie neu bekräftigt werden. Emily freut sich besonders darüber, die Schwägerin in der Nähe zu wissen, ihr schnell eine Botschaft schicken zu können, sie dann und wann zu treffen. Besuche sind möglich, ohne dass man den Umkreis des eigenen Heims allzu weit verlassen müsste.

1855 machen sich Emily und ihre Schwester Vinnie auf eine Reise nach Washington, um den Vater zu besuchen, der als Abgeordneter in den Kongress berufen wurde. Er hat wenig Zeit, ist ein viel beschäftigter Mann, und so bleiben die Schwestern nicht lange, sondern fahren weiter zu einer Cousine, Eliza Coleman, nach Philadelphia. Eliza ist ein überzartes Geschöpf und scheint nicht gemacht für ein langes, aktives Leben. Ihre außergewöhnliche, fragile Schönheit beeindruckt Emily. Sie scheint ihr ein Bild zu sein für die Zerbrechlichkeit des Lebens.

Philadelphia ist aber auch in anderer Hinsicht spannend für Emily: Sie lernt den Presbyterianer-Pfarrer Charles Wadsworth kennen, mit dem sie sich sofort versteht, und was nun folgt, ist typisch für Emily: Briefe gehen in kurzen Abständen hin und her.

Leider ist von dem Briefwechsel praktisch nichts mehr erhalten. Wadsworth ist ein geschäftiger Mann mit einer mitreißenden Predigergabe. Der Beruf steht an erster Stelle in seinem Leben. Die zweite große Liebe gehört seiner Familie.

Zwischen ihm und Emily kommt es nur zu dieser einen Begegnung. Vielleicht hat die Dichterin Angst davor, sich in den glücklich verheirateten Mann zu verlieben, und schützt sich dagegen, indem sie die Beziehung auf den brieflichen Rahmen beschränkt. Umso stärker arbeitet aber ihre Vorstellungskraft. Die folgenden sieben Jahre werden die dichterisch produktivsten ihres Lebens sein. Herz und Kopf sind übervoll an Gefühlen, Bildern, Motiven und Gedanken. Sie hat die Fähigkeit, sich fast alles auszumalen, was sein könnte, und baut sich ihr Haus der ungezählten Möglichkeiten, in dem sie wohnen kann.

Ich hab noch nie ein Moor gesehn –
Ich sah noch nie das Meer –
Und weiß doch, was ein Heidekraut,
Was eine Welle wär.

Ich sprach noch nie mit Gott,
Hab nie sein Reich besucht –
Und bin des Orts doch so gewiß
Als wär die Fahrt gebucht.[8]

Daneben gibt es aber noch das Haus der Alltagswirklichkeit, in dem auch ein Teil von Emily wohnt und bestimmte Aufgaben übernimmt, ohne zu klagen. Vielleicht kann man ja sogar sagen, dass gerade diese

Enge und Beschränkung eine Art Geschütztsein vermittelt, in dem Emilys Phantasie sich ungestört ausleben kann. Nicht umsonst möchte sie bleiben, sehnt sie sich nicht nach einer Ehe, sinnt sie nie auf Flucht aus dem Elternhaus.

Durch Susan und Austin lernt Emily den Verleger Samuel Bowles kennen, einen charmanten, unterhaltsamen Mann, mit dem sie in einen Briefwechsel tritt. Offensichtlich hat auch im Fall von Austin des Vaters Erziehung fehlgeschlagen und dem lustvollen Umgang mit der Literatur nicht geschadet.

Ein Grund für Emilys Interesse an Bowles scheint durchaus auch der Wunsch zu sein, publiziert zu werden. Über die Qualität der Gedichte ist sich Emily nie im Zweifel. In diesem Punkt braucht sie keine Bestärkung von außen. Als sie aber Bowles ihr Anliegen eröffnet, reagiert der abwehrend. Es ist offensichtlich, dass er trotz seines Interesses an Lyrik die Begabung Emilys nicht wirklich einschätzen kann. Mit der Zeit jedoch scheint er wenigstens in Ansätzen zugänglicher zu werden für die Kraft und den besonderen Zauber von Emilys Kunst. Im Mai 1861 veröffentlicht er immerhin sechs ihrer Gedichte.

Das politische und gesellschaftliche Geschehen, die Veränderungen, die sich in den 50er-Jahren in Amerika vorbereiten, werden von Emily scheinbar nur am Rande wahrgenommen. Der Konflikt zwischen dem bäuerlichen Süden und dem industriellen Norden, zu dem auch der Staat Massachusetts gehört, wird heftiger. Die Südstaaten kämpfen um ihre Unabhängigkeit und um den Erhalt der Sklaverei. Der Norden setzt sich für die Einheit der Nation und für die Abschaffung der Sklaverei ein. Nichts von all dem scheint Emily zu interessieren. Kein Wort über den Beginn des Bürgerkriegs im April 1861. 1852 ist der Roman »Onkel Toms Hütte« von Harriet Beecher-Stowe erschienen, der die Sklaverei zum Thema hat. Die Literatur hat sich also schon längst des gewichtigen Themas angenommen.

Genauso wenig offenen Anteil nimmt Emily an der Emanzipationsbewegung der Frauen, die in den USA seit den 40er-Jahren viel Zuspruch findet. Emily scheint wie in Watte gepackt und nichts mitzubekommen von politischen Umtrieben und gesellschaftlichen Veränderungen. Hat sie wirklich keine Ahnung von dem, was außerhalb ihrer vier Wände passiert?

Das Außen – von dem Innen
Seine Bedeutung erhält –
Es sei Herzog oder Zwerg, gemäß
Dem Brennpunkt seiner Welt

Die feine unveränderliche Achse
Die das Rad reguliert –
Obwohl die Speichen sichtbarlich
Am Staub sind interessiert –

Das Innen – malt das Außen –
Der Pinsel ohne Hand –
Sein Bild veröffentlicht – genau –
So ist der innere Brand –

Auf zart-geäderter Leinwand –
Eine Wange – vielleicht ein Gesicht –
Des Sternes ganzes Geheimnis – im See –
Nicht bestimmt für das Augenlicht.[9]

Die Welt im Inneren des Menschen ist für Emily das
Eigentliche. Sie selbst erlebt es so. Man wird nicht bestimmt durch das, was draußen passiert, im Gegenteil,
das Draußen wird vom Drinnen bestimmt. Die Welt
hat die Bedeutung, die der Einzelne ihr gibt. Darin
sieht die Dichterin ihre Freiheit. Niemand kann ihr
eine Wirklichkeit aufzwingen. Mit Sicherheit bedeutet
eine solche Sicht natürlich einen Schutz für Emily,
versucht doch ihr Vater vor allem, sie zu beeinflussen,
ihr beizubringen, wie die Gesetze der Welt lauten.
Darauf aber antwortet sie mit einem deutlichen Nein.

Vor der Dominanz und dem rigorosen Weltbild des
Vaters flüchtet Emily in ihre innere Welt und verwei-
gert sich einer öffentlich ausgetragenen Auseinandersetzung. Die Vorrangstellung des Innen vor dem
Außen ist aber mehr als bloße Reaktion auf die Erziehung. Emily erlebt sich als eine Künstlerin, deren
Begabung vor allem in dem inneren Reichtum an Bildern und Assoziationen liegt. Hier kann sie frei sein,

dieser Schatz ist zu hüten, diese Quelle muss ausgeschöpft werden. Daneben verblasst die Politik.

Und dennoch, sie muss mit einer sehr sensiblen Aufmerksamkeit ausgestattet sein, wenn es um Gerechtigkeit, um Gleichheit und die Freiheit jedes Einzelnen geht. Ein untrügliches Zeichen dafür ist Emilys Briefwechsel mit Thomas Wentworth Higginson. Der Schriftsteller Higginson nämlich ist ein politisch sehr aktiver Mann, er muckt gern auf und hegt unangepasste, nicht zeitgemäße Gedanken. So verfasst er 1859 einen Aufsatz mit dem Titel: »Sollten Frauen das Alphabet lernen«, in dem er sich massiv für die Rechte der Frauen einsetzt. »Wenn ihr euch traut, dann gebt der Frau zuerst einmal das Alphabet, dann laßt sie erfolgreich sein; und obwohl die Männer, unwissend und voller Vorurteile, sich den Anfängen entgegenstellen werden, ist da keine Gefahr, sondern sie werden schließlich um ihre erobernden Fußstapfen herum in begeistertere Lobpreisungen ausbrechen als bei einem Opernidol.«[10]

Higginson ist ein mutiger, vor Intelligenz sprühender Mann, dessen Ideen Emily begeistern, auch wenn sie selbst solche Ideen nie laut aussprechen würde. Sie beobachtet am Beispiel der Mutter und erlebt seit der Kindheit bei sich selbst die Unterdrückung des weiblichen Intellekts in der eigenen Familie. Ihr Vater ist schon immer der Meinung gewesen, Frauen gehören ins Haus; ihr Bruder Austin hat die Chance, Karriere zu machen wie der Vater, während Emily und ihre Schwester davon ausgeschlossen bleiben. Higginson aber ist dafür, dass Frauen kräftig mitmischen, wenn es um geistige Dinge geht. Seiner Meinung nach können auch Frauen Großes schaffen, sie haben die Fähigkeit, auf dem Feld der Literatur nicht nur kleine, liebliche, brave Verse zustande zu bringen, sondern als Dichterin zu höchstem Ruhm zu gelangen.

1862 beginnt Emily, Higginson Briefe zu schreiben. »Meine Mutter hält nichts vom Denken und mein Vater ist zu beschäftigt mit seinen Gerichtsakten, um zu merken, was wir tun – Er kauft mir viele Bücher – aber bittet mich, sie nicht zu lesen – denn er fürchtet, daß sie den Geist zerrütten.«[11]

Wie deutlich drückt Emily hier den tiefen Widerspruch aus, der in der Haltung des Vaters steckt. Einerseits will er seine Kinder zu gebildeten Menschen erziehen, andererseits hat er Angst davor, weil Wissen eben auch den Wunsch mit sich bringen kann, aus der Enge eines traditionellen Weltbildes auszubrechen. Emily übt wie stets keine offene Kritik an den Eltern, aber sie zeigt doch, dass sie sich ihrer vertrackten, unwürdigen Situation völlig bewusst ist und darunter leidet. Und so schickt sie in einem Brief zwei Monate später ein Gedicht an den verehrten Mann:

Als bät' ich um Almosen nur,
Und die erstaunte Hand
Bekommt ein Königreich geschenkt,
Und ich steh wie gebannt –
Als bäte ich den Orient,
Gib mir ein Morgenlicht –
Und er die Purpurdämme hebt,
Und Licht zerschmettert mich![12]

Emily sieht auch Higginson wieder als ihren »Lehrmeister« an. Viele der Briefe unterzeichnet sie mit »Ihre Schülerin«. Das betrifft allerdings weniger das ganz Persönliche ihres Stils, sondern eher literaturgeschichtliche Dinge. Man kann ihr also in keiner Phase ihres Lebens vorhalten, sie sei nicht gesprächswillig, im Gegenteil. Emily, diese ausgewiesene Eigenbrötlerin, braucht das Gespräch über Literatur, über Gedichte vor allem, ohne sich aber sagen lassen zu wollen, wie sie selbst zu schreiben habe. Hier weiß sie genau, was sie will, welches ihre Themenschwerpunkte sind und welche Worte ihre Gedanken und Gefühle am besten ausdrücken.

Zu einer persönlichen Begegnung unter vier Augen mit Higginson kommt es nur ein einziges Mal, am 16. August 1870. Higginson besucht die Dichterin in ihrem Elternhaus und schreibt am Abend desselben Tages an seine Frau: »Ein Schritt wie das Trippeln eines Kindes & herein glitt eine kleine unscheinbare

Frau, deren rötliche Haare wie zwei glatte Bänder ihr Gesicht umrahmten, ... in einem sehr schlichten und vorzüglich reinen weißen Piquékleid & einem blauen netzartigen Wollschal. Sie kam mir mit zwei Lilien entgegen, die sie mir mit einer kindlichen Geste in die Hand gab & sagte: ›Dies ist meine Einführung‹, mit einer leisen, ängstlichen, atemlosen, kindlichen Stimme – und fügte flüsternd hinzu: ›Verzeihen Sie, daß ich Angst habe; ich sehe nie fremde Menschen und weiß kaum, was ich sage‹ – aber sie fing bald zu sprechen an & fuhr danach unaufhörlich fort – & sehr ehrerbietig – manchmal innehaltend, um mich zu bitten, an ihrer Stelle zu sprechen – aber schnell wieder neu beginnend. ... Sie sagte vieles, was Du närrisch finden würdest und ich weise fand – und auch manches, was dir gefallen hätte. Ich werde einige ihrer Aussprüche später hinzufügen.«[13]

Lebendiger könnte er Emily nicht schildern. Sie strengt ihn an, bleibt ihm ein ungelöstes Rätsel. Er ahnt, dass sie ein wahnsinnig intensives inneres Leben hat, eine Leidenschaft zu leben, die fast nicht auszuhalten ist. »Das Leben ist für mich Ekstase – Gefühl des Daseins ist Glück genug.«[14] Die Intensität des Lebens lässt sich für die Dichterin nicht teilen, keiner kann richtig mitempfinden. Lebensekstase bleibt eine zunächst einsame Erfahrung für die Dichterin. Aus dem direkten Erleben schöpft sie die Motive für ihre Gedichte. Sie sind der spontanste Ausdruck – unmittelbarer Ausdruck ihres Inneren. Nicht das Was oder Wie des Lebens ist das Wertvolle, sondern dass man überhaupt lebt. Wie sehr sie sich aber auch nach Freundschaft sehnt, zeigt ein weiterer Brief an Higginson aus dem Jahr 1872: »Zu leben ist so aufrührend, es läßt nur wenig Raum für andere Beschäftigungen, obwohl Freunde, wenn möglich, ein noch schöneres Ereignis sind.«[15] So bleibt Emily hin- und hergerissen zwischen der Erfahrung ihres überquellenden Innern und dem Wunsch, liebe, verständnisvolle Menschen zu finden, mit denen sie gemeinsam ein Stück Weg gehen kann. Eine ständige Zerreißprobe, die viel Kraft kostet und wenig Möglichkeit zum Ausruhen lässt.

Im Juli 1874 stirbt Edward Dickinson, der strenge, unduldsame Vater. Ob er seine Tochter Emily auch nur in Ansätzen wahrgenommen hat? Schon als Kind hatte der studierte Jurist seiner Tochter fast alle Bücher außer der Bibel untersagt. Zwar gab es auch andere Literatur im Haus, aber sie erschien Edward zu gefährlich zu sein für ein heranwachsendes Mädchen. Sie musste die verbotenen Früchte unter der Bettdecke genießen. Edward war einer der Menschen, die untadelig, moralisch korrekt durchs Leben gehen, aber dabei ganz seltsam unlebendig wirken. Edwards Haut war mit der Zeit zu einem undurchdringlichen Panzer geworden. Keiner konnte auch nur erahnen, was sich dahinter verbarg, und alles, was von außen kam, schien daran abzuprallen.

Emily schreibt nach seinem Tod an Higginson, das Herz ihres Vaters sei »rein und fürchterlich« gewesen. Seine Motive waren lauter, er tat niemandem willentlich etwas Schlechtes an, aber auf die anderen, vor allem seine Frau und die Kinder, musste das furchtbar wirken. Die Verbindung aus »rein« und »fürchterlich«, die Emily hier wählt, zeigt, wie gut sie den Vater durchschaut hat, wie hoch ihre Achtung vor ihm und seinem untadeligen Leben ist, wie sehr sie aber dennoch unter seiner Strenge litt.

Am Tag vor seinem Tod verbringt sie den Nachmittag allein bei ihm. Sie schickt die Geschwister auf einen Spaziergang. Der Vater genießt die Zeit mit ihr und wünscht sich, die Stunden mögen langsamer vergehen. Vielleicht erkennt er ja jetzt ein wenig mehr von der Besonderheit seiner Tochter Emily, wer weiß? Jetzt, wo er keine Aufgabe mehr zu erfüllen hat als zu sterben, wo ihn die Last des Berufes nicht mehr drückt, mag sein, dass in diesen letzten Stunden die allertiefste, jahrelang erfolgreich verdrängte Schicht seines Inneren noch einmal hervorkommt. Seine Tochter Emily scheint es geahnt zu haben.

Emily weiß sehr gut, dass sie nicht in der Alltäglichkeit zu Hause ist. Sie liebt die Sonne, aber sie hat den Eindruck, dem Tag sei sie zu anstrengend, für die anderen Menschen müsse sie eine Belastung sein. So führt sie ihr Dasein im selbst gewählten Dunkel des Hauses. Ihre Zeit ist die Mitternacht.

> *Guten Morgen – Mitternacht!*
> *Ich komme heim –*
> *Müde ward der Tag von mir –*
> *Nicht ich von ihm.*
>
> *Sonnenschein war sel'ger Ort –*
> *Ich hätt' gern gewacht –*
> *Doch der Morgen wollt' mich nicht –*
> *Nun denn – Tag – gut' Nacht!*
>
> *Zuschaun darf ich doch – nicht wahr –*
> *Wenn der Osten glüht?*
> *Die Hügel haben dann den Zug –*
> *Der das Herz entführt –*
>
> *Du bist nicht so schön – Mitternacht –*
> *Ich lieb' den Tag –*
> *Doch – nimm du das Mädchen nun –*
> *Das er nicht mag!*[16]

Emily fühlt sich gezwungen, im Dunkel zu leben, obwohl sie das Licht mag. So, wie sie ist, ist sie, ihrer Meinung nach, draußen in der Welt nicht zu gebrauchen. Sie hat zu wenig Bodenhaftung, ist zu sehr beschäftigt mit Bildern und Vorstellungen. Anders aber kann sie nicht sein und so bleibt ihr nur das Extrem: ein Leben im Verborgenen.

Aber Emily sendet weiterhin Signale nach außen und hofft auf Antwort. Sie kann ihre selbst gewählte Einsamkeit nicht konsequent durchhalten. Ihre Sehnsucht nach Kommunikation ist zu groß.

Im Jahr 1875 begegnet Emily der großen Liebe. Sein Name ist Otis Phillips Lord, er ist wie sie 45 Jahre alt und Jurist. Allerdings hat die Dichterin es mit einem verheirateten Mann zu tun und die Briefe werden erst zwei Jahre später, nach dem Tod von Lords Frau, leidenschaftlich.

»Ich bekenne, dass ich ihn liebe – ich freue mich, dass ich ihn liebe – ... die Begeisterung überflutet mich.«[17] Der Mann, den Emily liebt, gehört politisch und religiös zum streng konservativen Lager. Was ihn besonders anziehend für Emily macht, ist seine große Begeisterung für die Literatur und hier vor allem für Shakespeare. Sind schon Freundschaften für sie nicht denkbar ohne das anregende Gespräch über Dichtung, so scheint es unvorstellbar, dass sie sich in einen Mann verlieben könnte, der literarisch ungebildet und desinteressiert ist.

Nach dem Tod seiner Frau macht Lord Emily einen Heiratsantrag, aber vor der Ehe schreckt sie zurück, würde ein solcher Schritt doch eine räumliche Veränderung mit sich bringen, was sie auf keinen Fall will. Es ist der alte Zwiespalt, er ist so tief wie eh und je. Leidenschaft und Liebe hin oder her, ihre ebenso viel geliebte Freiheit kann sie nicht opfern. Würde sie heiraten, so würde man von ihr erwarten, ihrem Mann eine gute Hausfrau zu sein. Sie hätte Pflichten in der Öffentlichkeit zu übernehmen, müsste an der Seite des Gatten mit für dessen gesellschaftliches Ansehen sorgen. Vielleicht käme sie nicht einmal mehr um irgendwelche Kirchenversammlungen herum, bei denen sie Kaffee ausschenken und Kuchen verteilen müsste. Ihr Beruf als Dichterin ist gesellschaftlich in keiner Weise anerkannt, wäre sie verheiratet, würde ihr niemand mehr ihren Wunsch nach Zurückgezogenheit zugestehen. So bleiben also nur Träume von zauberhaften Nächten an der Seite des Geliebten.

Wilde Nächte – Wilde Nächte!
Mit dir zu sein –
Wilde Nächte wären Luxus
Für uns allein!

Nutzlos – die Winde –
Für ein Herz im Port –
Fort mit dem Kompaß –
Die Karte fort!

Rudernd in Eden –
Ach das Meer!
Daß ich in dir – heut nacht –
Verankert wär'![18]

Emily träumt von einem Leben in Freiheit mit dem Geliebten, der aber gleichzeitig Ruhe und Vertrautheit vermitteln soll. In der Freiheit will sie verankert sein. Das wilde, leidenschaftliche Leben wünscht sie sich als Heimat. Aber so etwas kann es nicht geben in einer Gesellschaft, die nur das Entweder-Oder kennt. Man hat die Möglichkeit zu heiraten, muss aber dann alle Zwänge und Konventionen akzeptieren, die das mit sich bringt, oder man lebt ein ungebundenes Leben für die Kunst, dann hat man gefälligst die Konsequenzen zu tragen und allein zu sein. So bleibt Emily nichts anderes übrig, als die Liebe in der Phantasie und in ihren Briefen auszuleben. Sie wohnt weiter im Elternhaus, dichtet und pflegt nebenher die Mutter bis zu deren Tod im November 1882. Der über alles verehrte Otis stirbt bereits ein Jahr früher, und das verstärkt die Weigerung Emilys, sich überhaupt noch außerhalb der Wohnung zu zeigen. Der Schmerz ist überwältigend, der einzige Geliebte ist nicht mehr ansprechbar.

> *Das Herz sucht Lust – zuerst –*
> *Und dann – Erlaß vom Leid –*
> *Und dann – ein Stillungsmittel,*
> *Das jeden Schmerz betäubt –*
>
> *Und dann – zur Ruh zu gehen –*
> *Und dann – in letzter Not –*
> *So es sein Inquisitor will,*
> *Das Anrecht auf den Tod –*[19]

Emily wartet jetzt selbst nur noch auf den Tod. Das Leben erscheint ihr sinnloser denn je.

Hinzu kommt, dass es in der Familie eine Menge Probleme gibt. Die Ehe zwischen Susan und Austin geht langsam in die Brüche. Schuld daran ist vor allem Susans panische Angst vor einer Geburt. Die dadurch erzwungene Kinderlosigkeit bringt Austin zur Verzweiflung. Er fühlt eine emotionale Leere, und als er der attraktiven, 26-jährigen verheirateten Mabel Loomis Todd begegnet, verliebt er sich Hals über Kopf in sie. Eine Scheidung von Susan kommt aber aus religiösen Gründen nicht infrage. Bald schon ist es in Amherst ein stadtbekanntes Geheimnis: Austin hat neben seiner Frau eine Geliebte. An Austins Ansehen wird dennoch nicht gerüttelt und auch Emily steht auf der Seite ihres Bruders. Sie gönnt ihm die Liebe und die Zärtlichkeit, nach der er sich offenbar lange vergeblich sehnte. Mabel Todds Tochter schreibt 1951 über die Liebesbeziehung ihrer Mutter in ihr Tagebuch: »Wie wirkte es auf Emily? Sie war froh, daß Austin nach seinem fast gänzlich ruinierten Leben etwas Wohltuendes gefunden hatte. Wie meine Mutter sagte: ›Emily hatte immer Respekt für echte Gefühle.‹«[20] Ihre Beziehung zu Susan wird dadurch empfindlich gestört und erholt sich nicht mehr. Emily stellt sich eindeutig auf die Seite der Liebenden. Hier, wo große Gefühle die Menschen umtreiben, ist ihre Welt. Sie kann nachvollziehen, was ihr Bruder und seine Geliebte durchmachen. Zu Susan, die ihr früher so nah war, verliert sie den Bezug, weil der Kampf um den Ehemann nicht vehement genug geführt wird und weil die Schwägerin zu wenig emotionale Kraft ausströmt.

Im Haus der Eltern wohnt außer Emily noch immer auch ihre Schwester Vinnie. Sie ist zu einer unzufriedenen launischen alten Jungfer geworden. Gefangen in sich selbst, bringt sie es nicht fertig, zum Gesprächspartner für Emily zu werden, obwohl sie im Innersten ein Gespür für deren Begabung hat. Vinnie hat sich nicht gelöst von der starren, lieblosen Welt ihrer Eltern. Sie leidet unter dem Druck der Gesellschaft und kann es nicht ausdrücken. Sie bringt nicht wie ihre Schwester die Kraft zur inneren Rebellion auf, sondern hat sich lebendig einmauern lassen in der Gruft, die das elterliche Haus darstellt.

Es ist kälter geworden um Emily Dickinson. Unter der wachsenden Einsamkeit leidet auch ihre Gesundheit. Wenige Monate nach dem Tod des geliebten Otis Phillips Lord stellen die Ärzte bei Emily eine Nierenkrankheit fest, die sie sich durch eine verschleppte Virusinfektion zugezogen hat. Emily fehlt zusehends die Kraft, sich gegen ihr Kranksein zu wehren. Sie wird immer schwächer, bis sie schließlich drei Jahre später, am 12. Mai 1885, ruhig und ohne große Schmerzen in ihrem Zimmer im elterlichen Haus stirbt.

Zu Lebzeiten wurden nur sieben Gedichte von Emily Dickinson veröffentlicht. Nach ihrem Tod findet die Schwester Lavinia unzählige Gedichte, Gedichtanfänge, Fragmente. Ihre innere Teilnahme an der Arbeit Emilys wird jetzt auch nach außen sichtbar. Vinnie wird plötzlich lebendig, wirkt wie neugeboren, offenbart ungeahnte Talente. Der Kampf um den Nachlass beginnt. Es wird ein erbittertes Ringen werden. Emilys Schwägerin Susan hat zwar Kontakte zu Verlegern, schafft es aber nicht, den Manuskripten zu einer Veröffentlichung zu verhelfen, und gibt sie an Vinnie zurück. Mag sein, dass sie keine rechte Lust hatte, nach der Entfremdung von Emily für die Tote etwas zu tun. Stattdessen hilft nun Mabel Todd bei der Ordnung der Manuskripte. Sie schreibt in akribischer Fleißarbeit die Gedichte ab und bemüht sich um einen Verlag. Sie hat es schwer, wird sie doch zum Zankapfel zwischen Susan und Vinnie. Die eifersüchtige Ehefrau Austins kann es nicht zulassen, dass ihre Schwägerin sich mit der Geliebten ihres Mannes so prächtig versteht. Dennoch schafft Mabel Todd es nach vier Jahren durch Higginson, der sich, solange Emily lebte, gegen eine Veröffentlichung gesperrt hatte, einen Verleger zu finden.

So wie Emily während ihres ganzen Lebens für Verwirrung bei ihren Freunden und Verwandten gesorgt hat, tut sie es auch nach dem Tod. Es ist schwer für ihre Leser, diese Gedichte einzuordnen, ein Gespür für das Widerspenstige, Aufrührerische der Verse zu entwickeln. Sie ragen wie zerklüftete Felsgruppen aus der fest gefügten, platten Landschaft des Zeitgeschmacks heraus, so dass auch viele Verleger ihre Probleme mit den Texten haben. Die erste Ausgabe von Gedichten Emily Dickinsons erscheint 1890 bei Roberts Brothers, herausgegeben von Mabel Todd und T.W. Higginson. Im Lauf der folgenden Jahre, vor allem nach dem Tod von Austin im August 1895, nehmen die Streitereien zu, Lavinia versteht sich nun plötzlich nicht mehr mit Mabel Todd. Jede der Frauen fühlt sich berufener als die andere, was die Beurteilung der Qualität einzelner Gedichte von Emily betrifft. In großer Stille und umhüllt von Geheimnis waren die Gedichte entstanden, und nun werden sie zum Zentrum eines Streits, der lauthals in aller Öffentlichkeit ausgetragen wird. Susan gelingt es schließlich doch noch, verspätete Rache zu üben und einen Prozess gegen Mabel Todd anzustrengen. Mabel muss ihren Anspruch auf die Arbeit an den Gedichten aufgeben.

Schließlich werden 665 Manuskripte von Emily in einer Truhe verschlossen und erst 35 Jahre später wieder hervorgeholt. Es dauert bis 1955, ehe sämtliche 1775 Gedichte zum ersten Mal herausgegeben werden können.

Damit beginnt der Siegeszug dieses besonderen Werks. Emily Dickinsons Leben bleibt weiterhin in einen geheimnisvollen Dunst gehüllt, so wie sie es selbst wollte und vorangetrieben hat. Sie hat zeitlebens an dem Bild der Fremden, Unnahbaren gearbeitet. In den Gedichten und Briefen aber zeigt sich auch die andere Seite, eine keineswegs von Natur aus introvertierte, sondern eine sehr emotionale, sinnliche, Liebe und Freundschaft suchende Frau, deren Aufbruchs- und Freiheitsdrang an den Zwängen der eigenen Zeit scheitern musste.

> Könnt ich doch schweben unbegrenzt
> Wie es der Biene paßt
> Und nur besuchen wen ich mag
> Und hätte keinen Gast.[21]

»*Ich will in das Grenzenlose*«
Else Lasker-Schüler (1869–1945)

Else hört gern Geschichten aus der Bibel. Am liebsten mag sie die über Joseph von Ägypten, den begabten Träumer. Auch Else träumt gern und sitzt versonnen in der Schulbank, als würde sie gar nicht richtig zur Klasse gehören. Sie wird deshalb häufig gerügt von der Lehrerin, bis eines Tages ein Mädchen auf die Idee kommt, Else sei ja wohl selbst der Joseph von Ägypten. Von nun an glauben es alle, und Else hat sich sozusagen das Recht erworben, vor sich hin zu träumen und noch weniger aufzupassen, was im Unterricht geschieht.

Else Lasker-Schüler hat immer versucht, ihr wahres Alter zu verschleiern, und sich jünger gemacht, als sie war. Urkundlich nachgewiesen ist: Sie wird am 11. Februar 1869 als Kind jüdischer Eltern in Elberfeld an der Wupper geboren. Das westfälische Ruhrgebiet ist zu dieser Zeit auf dem Weg, neben Berlin und Oberschlesien zum bedeutendsten Standort für die Schwerindustrie Deutschlands zu werden. Die Familie Schüler wohnt am Ortsrand nahe des Waldes. Elses Vater, Aron Schüler, ein extrovertierter, humorvoller Mann mit einem großen Erzähltalent, ist Privatbankier. Er stammt aus Geseke bei Lippstadt und wuchs dort unter 17 Geschwistern und Halbgeschwistern auf. Die Mutter, Jeanette Schüler, eine stille, zur Melancholie neigende Frau, wurde nach dem frühen Tod ihrer Eltern von Verwandten in Frankfurt am Main aufgezogen, wo sie auch ihren späteren Mann kennen lernte. Sie stammt keineswegs von adligen Spaniern ab, wie ihre Tochter das später berichtet. Auch den Großvater mütterlicherseits verwandelt Else vom Weinhändler in einen Weinbauern, weil der ein innigeres Verhältnis zur Natur hat und ihr die Händlermentalität nicht behagt.

Keine andere Dichterin hat zeitlebens so sehr an dem Bild »gearbeitet«, das der Nachwelt von ihr und ihrer Herkunft überliefert werden sollte. Ihren Urgroßvater nennt sie liebevoll »Rabbuni«, was im jüdischen Glauben einem Oberrabbiner gleichkommt, und unterschlägt, dass er ganz einfach Lehrer war. »Mich besternend betrachtete ich als Kind so gerne das ehrfurchtsvolle Priesterantlitz meines Urgroßvaters, der, Oberrabbuni von Rheinland und Westfalen, in religiösem und politischem Heile seiner Gemeinde Oberhaupt, so weihevolle Jahre Frieden brachte.«[1]

Else liebt es, mit Mond und Sternen zu kommunizieren und so einen innigen Bezug zum Kosmos herzustellen. Man ist dann nicht so einsam, hat Vertraute am Himmel, die immer zuhören und einem die Angst vor dem Unheimlichen nehmen. Bei Else mischen sich im Umgang mit dem Rätselhaften Lust und Furcht. Allerdings ist der Anteil der Lust eher höher. Ihr Vater ist ihr zu bieder, ihn wünscht sie sich wilder, zauberhafter, chaotischer. Als angesehener Bankier hat er einen intimen Umgang mit der Welt der Zahlen. In Elses uferloser Phantasie erlebt er eine seltsame Verwandlung: »Nie war Windstille in seinem Herzen, darum eben umging er der Schule trockene Lektion. Was nicht mit ihm wild aufwachsen wollte, ihm in den Mund geflogen kam, kümmerte ihn wenig.«[2]

Die Mutter erscheint Else wie eine wunderschöne Königin. Sie ist der Tochter seelenverwandt, träumt gern in den Tag hinein und liebt spannende Ritterromane. Glaubt man späteren Aufzeichnungen, so dichtet das Mädchen bereits im frühen Kindesalter mit der Mutter zusammen. Sie sitzen am Rosenholztisch und schmieden Verse. Jeanette Schüler kümmert sich sicher besonders intensiv um ihre Jüngste, ihren Nachkömmling, ist Else doch erst sechs Jahre nach dem letzten, dem fünften Kind geboren. Die Mutter erzählt der Tochter von Goethe, Schiller, Heine und Napoleon. Sie macht Reimspiele mit ihr und schenkt ihr eine Knopfsammlung. Jeder der Knöpfe bedeutet ein bestimmtes Wort. Aus ihnen werden Zeilen und Strophen zusammengesetzt.

Draußen hingegen spielt Else mit den Nachbarskindern Krieg. Man lebt in der Zeit des Reichskanzlers Otto von Bismarck, die Franzosen sind Feinde und Else, die unter ihrem Rock eine rote Flanellhose trägt, hat die Rolle des »Franzosen mit den roten Hosen« zu übernehmen.

Die Eltern legen Wert auf eine gute Schulbildung ihrer Kinder und schicken sie auf das Lyzeum im nahe gelegenen Wuppertal. Im Alter von elf Jahren zeigen sich aber bei Else Anzeichen von Epilepsie und sie erhält von nun an Privatunterricht. Diese erzwungene Abgeschlossenheit fördert die Neigung des Mädchens, sich in sich selbst zurückzuziehen und in ihren Träumen und Phantasien zu leben. Von ihren Geschwistern ist ihr Paul, der jüngste Bruder, am liebsten. Mit ihm durchstreift sie oft die Natur, er gibt ihr Nachhilfestunden und immer wieder muss er die Geschichte von Joseph aus Ägypten erzählen.

Elses Phantasie arbeitet unaufhörlich, so dass ihr der reine Schulstoff viel zu trocken ist. Sie ist keine besonders gute Schülerin, weitaus lieber lauscht sie den Erwachsenen bei den im Hause Schüler regelmäßig stattfindenden Leseabenden. Literarisch interessierte Elberfelder Bürger und die Schauspieler und Schauspielerinnen aus der Umgebung kommen zusammen, um Dramentexte zu rezitieren. Der Vater bekommt die Spaßrollen zugeteilt, die Mutter ist auf das Gretchen aus dem »Faust« spezialisiert. »Ich durfte auf dem Kanapee im Nebenzimmer schlafen; ich hatte so Angst, alleine in der obersten Etage unseres weiten unheimlichen Hauses. Männer kamen vom Wald,

Metzgergesellen, den steilen Hang herab und sangen so scharf, vielstimmig.«[3]

Else ist müde, kann aber allein nicht schlafen. In ihrer überreizten Phantasie werden die laut singenden Burschen zu wilden Unholden, vor denen sie Angst hat.

Zwei schwere Schicksalsschläge treffen das Mädchen: Ihr geliebter Bruder Paul stirbt 1882, die Mutter 1890. In den großen dunklen Augen, die aus den Fotografien dieser Jahre blicken, drückt sich die Trauer und Verlassenheit Elses aus, in ihrer stolzen Haltung wird aber auch erkennbar, dass sie sich nicht unterkriegen lässt, dass sie weiß, wer sie ist. Daran, als Dichterin auserwählt zu sein, hat sie ihr Leben lang nicht gezweifelt. In den so genannten »Gründerjahren« Deutschlands, in denen alles nach Wissen, nach Technik, nach Beherrschbarkeit und Tempo schreit, wächst eine Frau heran, die von der Sehnsucht nach Legenden, Märchen und uralten Riten heimgesucht wird. Von Kindheit an fühlt sich Else Lasker-Schüler als Heimatlose, aus dem Paradies Vertriebene, in die moderne Zeit geworfen, ohne vorher gefragt worden zu sein. Und von Kindheit an sucht sie nach Bildern und Geschichten, in denen sie Wurzeln schlagen kann.

Weltflucht

Ich will in das Grenzenlose
　　Zu mir zurück,
Schon blüht die Herbstzeitlose
　　Meiner Seele,
Vielleicht – ist's schon zu spät zurück!
O, ich sterbe unter Euch!
Da Ihr mich erstickt mit euch,
Fäden möchte ich um mich ziehn –
Wirrwarr endend!
　　Beirrend,
Euch verwirrend,
　　Um zu entfliehn
　　　Meinwärts![4]

Am 15. Januar 1894, mit 25 Jahren, heiratet Else Jonathan Berthold Lasker, einen Arzt aus Elberfeld. Noch im gleichen Jahr zieht das Paar nach Berlin. Zumindest nach außen hin versucht Else, so etwas wie einen bürgerlichen Haushalt zu führen. Sie kocht gut und genießt die gepflegt eingerichtete Wohnung. Über ihren Ehemann weiß man wenig Gesichertes. Gerüchten zufolge soll er seine Frau wie eine Gefangene halten. Dem widerspricht jedoch, dass Else sich bereits 1896 ein eigenes Atelier im Tiergartenviertel mietet, in dem sie Mal- und Zeichenunterricht nimmt und sich in der Kunst der Fotografie übt. Neben der Dichtung liebt es Else, zu zeichnen und zu malen.

So schlimm also kann es mit der Tyrannei Berthold Laskers eigentlich nicht sein. Else ist schließlich auch nicht der Typ, der sich einfach einsperren lässt. In der für sie charakteristischen Übertreibungsmanier zeichnet sie das Bild eines kalten Monsters, dem sie entfliehen muss. Auf Fotos zeigt sie ein wild entschlossenes Gesicht ohne jegliche Neigung zur Schüchternheit. In Kleidung und Frisur schafft sie sich immer stärker eine Art Gegenidentität zur biederen Ehefrau. Sie findet Geschmack an hochgesteckten Haaren und bunten Pumphosen oder zigeunerhaften Rüschenkleidern.

Im August 1899 wird Elses einziges Kind Paul geboren. Über den Vater herrscht Unklarheit, Else hüllt sich in Schweigen oder spricht in rätselhaften verschlüsselten Worten. Sicher ist nur, dass ihr Mann nicht der Vater sein kann. Von einem Griechen ist die Rede oder von einem spanischen Prinzen, aber jeder weiß, was von solchen Andeutungen zu halten ist. Else mystifiziert die Liebesgeschichte mit dem Unbekannten. »Wie der Frühling ist es, verliebt zu sein ... Immer kommen große Stürme über mein Blut; ich fürchte mich vor ihnen, aber sie überjubeln mich mit tausend blühenden Wundern.«[5] Weil sie zu stolz ist, von ihrem Mann oder den Verwandten Geld anzunehmen, bringt sie als lebendiges Forschungsobjekt den Sohn vor Medizinstudenten in der Berliner Universitätsklinik zur Welt. Mit ihrem Mann bleibt sie noch bis 1903 zusammen, ist sich aber längst klar darüber, dass diese Bindung nicht bis ans Lebensende dauern wird.

In den späten 90er-Jahren lernt Else Lasker-Schüler Peter Hille kennen, der ihr großer Förderer wird. Sie ist keine Unbekannte mehr, sind doch in einigen Zeitschriften einzelne Gedichte von ihr abgedruckt worden. Dennoch braucht man in der Kulturmetropole Berlin jemanden, der einen in die entsprechenden Künstlerkreise einführt. Peter Hille ist 15 Jahre älter als Else, stammt ebenfalls aus Westfalen und ist wie sein Schützling in einem bürgerlichen Umfeld aufgewachsen, aus dem er sich herausentwickelt hat. Als Else ihn kennen lernt, führt er ein unstetes Wandererleben, macht mal dies, mal das und ist nirgends zu Hause. Hille arbeitet als Schriftsteller, Redakteur und Herausgeber einiger Zeitschriften, die jedoch alle nach kürzester Zeit wieder eingehen. Für Else ist Peter Hille dagegen »Petrus, der Felsen«, auf den sie bauen kann: »Die Nacht hatte meine Wege ausgelöscht, auch konnte ich mich nicht auf meinen Namen besinnen, heulende hungrige Norde hatten ihn zerrissen. Und der mit dem Felsennamen nannte mich Tino. Und ich küßte den Glanz seiner gemeißelten Hand und ging ihm zur Seite.«[6]

Peter Hille führt Else in die »Neue Gemeinschaft« ein, eine Vereinigung, die zwischen gesellschaftlicher Unangepasstheit und Sekte anzusiedeln ist. Man wehrt sich gegen die Alltagswelt mit ihrem Streben nach materiellem Besitz und ihrer Kleingeisterei und sucht das »Reich der Erfüllung«, was immer das sein mag. Daneben diskutiert man aber auch die sozialen Probleme, die die Industrialisierung mit sich bringt. Zudem huldigt man einem Leben in der Natur. All diese Tendenzen sind auch typisch für die Kunsthaltung, die sich um die Jahrhundertwende in Berlin entwickelt und den Namen »Jugendstil« erhält. Man ist auf der Suche nach Symbolen des Lebendigen. Die Künstler lieben alles, was sich windet, schlängelt, rankt. Hier fühlt sich Else Lasker-Schüler zu Hause und lässt sich davon beeinflussen.

> *Es treiben mich brennende Lebensgewalten,*
> *Gefühle, die ich nicht zügeln kann,*
> *Und Gedanken, die sich zur Form gestalten,*
> *Fallen mich wie Wölfe an!*[7]

Else schreibt einen leidenschaftlichen Stil, in dem die Gefühlsäußerungen des eigenen Ichs an keine Grenzen stoßen, sondern frei nach außen dringen dürfen. Sie kann gar nicht anders als das zur Sprache bringen, was in ihr wühlt. Ein Hauptthema der Gedichte ist die Liebe, deren Macht sie in Bildern des Frühlings, der Sinnlichkeit, des Lebensrausches und immer wieder im Motiv der Blumen symbolhaft ausdrückt, wobei sie die Herbstzeitlose, die Lilie und die Rose bevorzugt, so wie es im Jugendstil üblich ist.

... Dann kam die Nacht mit Deinem Traum
Im stillen Sternebrennen.
Und der Tag zog lächelnd an mir vorbei,
Und die wilden Rosen atmeten kaum.

Nun sehn' ich mich nach Traumesmai,
Nach Deinem Liebesoffenbaren.
Möchte an Deinem Munde brennen
Eine Traumzeit von tausend Jahren.[8]

1903 lässt Else sich von ihrem Mann scheiden. Inzwischen ist ihr erster Gedichtband »Styx« in Berlin erschienen, was dem Selbstbewusstsein der Dichterin gut tut. In dem betriebsamen Künstlerleben der Großstadt hat sie sich einen Platz erobert. Sie kennt eine Menge Gleichgesinnter, unter ihnen einen neun Jahre jüngeren Mann namens Georg Levin, der Schriftsteller und Komponist ist. Else nimmt auch bei ihm eine Namensumwandlung vor und nennt ihn fortan Herwarth Walden, was diesem nicht schlecht gefällt. Ein halbes Jahr nach Elses Scheidung heiratet er die inzwischen 34-jährige Dichterin.

Für Else Lasker-Schüler beginnt damit die produktivste Zeit ihres Lebens. Herwarth Walden gründet den »Verein für Kunst«, auf dessen Vortragsabenden Else neben Berühmtheiten wie Heinrich und Thomas Mann, Alfred Döblin und Frank Wedekind auftritt. Jedes Mal bevor Karl Kraus vor seine Zuhörer tritt,

geht Else nach vorn und legt rote Rosen auf das Lese-
pult. Sie selbst trägt zu diesem Anlass Schwarz. Karl
Kraus schreibt vor allem in der von Walden gegründe-
ten Zeitschrift »Der Sturm«, wo auch Else einige ihrer
Gedichte veröffentlicht. Karl Kraus, der ein unerbitt-
licher Kritiker ist, spricht höchste Lobesworte über
Elses Gedicht »Ein alter Tibetteppich«, das zu seinen
Lieblingsgedichten gehört:

Deine Seele, die die meine liebet,
Ist verwirkt mit ihr im Teppichtibet.

Strahl in Strahl, verliebte Farben,
Sterne, die sich himmellang umwarben.

Unsere Füße ruhen auf der Kostbarkeit,
Maschentausendabertausendweit.

Süßer Lamasohn auf Moschuspflanzenthron,
Wie lange küßt dein Mund den meinen wohl
Und Wang die Wange buntgeknüpfte Zeiten schon?[9]

Else Lasker-Schüler ist keine populäre Schriftstellerin,
aber im Kreis anderer Dichter und kulturell interes-
sierter Menschen kennt man sie. Es bewegt sich
künstlerisch sehr viel in dieser Zeit. Im Bereich der
Malerei fühlt Else sich dem so genannten »Blauen Reiter« besonders verbunden. Egal ob es sich um Franz

Marc, Wassily Kandinsky oder Gabriele Münter handelt, sie alle wollen mit ihrer Malerei dem Lebendigen auf die Spur kommen und es in starken Farben wiedergeben. Persönlich bekannt ist Else mit Franz Marc, dem es die Farbe Blau ganz besonders angetan hat und der mit seinen »Blauen Pferden« zu großer Berühmtheit kommen wird. Als Herwarth Walden sich 1910 wegen einer anderen Frau von Else trennt, kann sie ein paar Wochen bei Franz Marc und seiner Frau verbringen. Sie fühlt sich wie ein kleines schutzbedürftiges Kind. Ihre Stimmung wechselt zwischen Eifersuchtsanfällen und trauriger Resignation. Waldens neue Freundin heißt in Elses Sprache nur »die Lockenundame«. Für die Marcs gestaltet sich das Zusammenleben mit der exzentrischen Person nicht einfach, aber sie tragen es mit Humor.

Besonders heftig sind Elses Auftritte, wenn es um Fragen der Kunst geht. Da ist sie unnachgiebig und betont bei jeder Gelegenheit, dass die Kunst ihr Leben ist. Alles, was nicht unter dem Gesichtspunkt der Kunst betrachtet werden kann, ist wertlos. Die Marcs stöhnen unter dem Anspruch der Dichterin, aber sie lieben sie sehr und spielen das Kunst-ist-das-Leben-Spiel gern mit. Auch das Eintauchen in alte Märchen und Legenden wird vor allem von Franz Marc mitgemacht. So schafft er für sie eine Serie von Postkartenaquarellen, betitelt mit »Botschaften an den Prinzen Jussuf«, womit er bekundet, dass er Elses Beschäftigung und Identifikation mit Joseph von Ägypten ernst nimmt.

Nachdem Else die Marcs wieder verlassen hat, beginnt für sie ein harter Überlebenskampf. Von nun an mietet sie nur noch Mansardenzimmer. War sie bereits während der Ehejahre finanziell nicht gerade rosig gestellt, so sieht es jetzt mit dem Geld noch viel dünner aus. An eine eigene abgeschlossene Wohnung ist also nicht mehr zu denken, was der Dichterin allerdings nichts ausmacht, verbringt sie doch ohnehin die meiste Zeit im Café. Dorthin kommen alle Leute, die für sie wichtig sind, es ist ihre »Börse«, wie sie sagt. Im Café ergeben sich interessante Kontakte, man kann spannende Gespräche führen und Persönlichkeiten treffen, die auch äußerlich auffallen und zu denen Else selbst zweifellos ebenfalls gehört, trägt sie doch gern phantastisch anmutende, ungewöhnliche Kostüme wie etwa weite Hosen und silberne Schuhe und lenkt durch die Leidenschaft ihrer Sprache und ihrer Gestik die Blicke auf sich. Sie zelebriert sich als wandelndes Geheimnis, ein zauberhaftes Wesen, das die Nähe der andern sucht und trotzdem auf äußerste Unabhängigkeit pocht. Rezitiert sie ihre Gedichte, so hat sie eine Kerze auf dem Pult stehen und untermalt ihre Worte durch Schellengeläut oder lautes Klopfen. Es fehlt nie das dramaturgische Moment, die Selbstinszenierung. Spektakuläre Auftritte schillernder Persönlichkeiten erfreuen sich in diesen Jahren allgemein großer Beliebtheit und erhöhen die Chance, zu Ruhm zu gelangen. Und den braucht Else nicht zuletzt deswegen, weil sie mit den Lesungen einen Großteil ihres Lebensunterhalts verdient.

Pauls Gesundheit ist angegriffen, er ist wie seine Mutter von eher schwächlicher Konstitution. Freunde bemühen sich, Geld aufzutreiben, um die Dichterin zu unterstützen.

Im Jahr der Scheidung von Herwarth Walden lernt Else auch den Dichter und Arzt Gottfried Benn kennen. Später schreibt er über die erste Begegnung mit ihr: »Sie war klein, damals knabenhaft schlank, hatte pechschwarze Haare, kurz geschnitten, was zu der Zeit noch selten war, große rabenschwarze bewegliche Augen mit einem ausweichenden unerklärlichen Blick. Man konnte weder damals noch später mit ihr über die Straße gehen, ohne daß alle Welt stillstand und ihr nachsah: extravagante weite Röcke oder Hosen, unmögliche Obergewänder, Hals und Arme behängt mit auffallendem, unechtem Schmuck, Ketten, Ohrringe, Talmiringe an den Fingern, und da sie sich unaufhörlich die Haarsträhnen aus der Stirn strich, waren diese, man muß schon sagen: Dienstmädchenringe immer in aller Blickpunkt. Sie aß nie regelmäßig, sie aß sehr wenig, oft lebte sie wochenlang von Nüssen und Obst. Sie schlief oft auf Bänken, sie war immer arm in allen Lebenslagen und zu allen Zeiten.

Das war der Prinz von Theben, Jussuf, Tino von Bagdad, der schwarze Schwan.«[10]

Else widmet Gottfried Benn, den sie Giselheer nennt, einen Gedichtzyklus. Sie umwirbt ihn, den viel Jüngeren. Er hat gerade seinen ersten Gedichtband »Morgue« veröffentlicht und Else darf sich zu seinen Entdeckern zählen. Obwohl sich keine Liebesbeziehung entwickelt, bleiben beide bis 1933 freundschaftlich verbunden.

Giselheer dem Knaben

An meiner Wimper hängt ein Stern,
Es ist so hell
Wie soll ich schlafen –

Und möchte mit dir spielen,
– Ich habe keine Heimat –
Wir spielen König und Prinz.[11]

Das Motiv des Spiels taucht in Else Lasker-Schülers Gedichten immer wieder auf. Spielen heißt frei sein, nach eigenen Gesetzen handeln. Damit steht sie aber der allgemein geltenden politischen und gesellschaftlichen Anschauung entgegen, herrschen doch in der so genannten »Wilhelminischen Ära« Zucht und Ordnung und ein militärischer Geist. Hinzu kommt die immer stärker werdende Vorherrschaft der Technik, der Maschinen. Automatische Abläufe bestimmen in wachsendem Umfang den Alltag. Dagegen entsteht eine Kunst- und Lebensauffassung, die dieser Begeisterung für die Technik massiv widerspricht und unter Begriffen wie »Lebensphilosophie« oder »Expressionismus« in die Geschichte eingehen wird. Der Strom des Lebens lässt sich nicht einfach kontrollieren und in Regeln pressen. Das Individuum fordert das Recht, sich ausdrücken zu dürfen, ohne Einengung von außen. In der Kunst und in der Philosophie soll gestärkt werden, was im gesellschaftlichen und politischen Alltag mit aller Macht unterdrückt wird. Diese Anschauung kommt Else entgegen, wehrt sie sich doch seit ihrer frühen Jugend gegen die Unterdrückung der Person durch Institutionen und Verordnungen. Sie will niemandem Rechenschaft ablegen müssen über das, was sie denkt und in ihren Gedichten zur Sprache bringt.

Neben Benn gibt es einen zweiten Dichter, den Else noch vor dem Ersten Weltkrieg kennen lernt: Georg Trakl. Sie trifft ihn einmal in Berlin, und er ist so beeindruckt von ihr, dass er ihr sein Gedicht »Abendland« widmet. Zu einem Wiedersehen kommt es leider nicht. Sein Selbstmord zu Beginn des Krieges erschüttert sie schwer.

Georg Trakl erlag im Krieg von eigener Hand gefällt.
So einsam war es in der Welt. Ich hatt ihn lieb.[12]

Nicht der Krieg überhaupt wird von ihr angeprangert, sondern die Kälte zwischen den Menschen. Wie verzweifelt muss ein Mensch sein, der sich im Krieg selbst tötet? Seltsam hilflos erscheint die Haltung der Dichterin, die Trakl ja doch lieb hatte, aber seine Einsamkeit war so groß, dass sie ihn nicht retten konnte.

Noch vor dem Krieg veröffentlicht Else Essays, in denen sie vor allem bekannte Künstler porträtiert, so den Maler Oskar Kokoschka und die Dichter Karl Kraus und Gottfried Benn. Außerdem erscheint ihr erstes Schauspiel: »Die Wupper«. Darin treffen zwei gesellschaftliche Schichten aufeinander, Fabrikanten und Arbeiter. Im Bereich dazwischen tummeln sich allerhand illustre Gestalten: Herumtreiber, Vaganten, ein Exhibitionist und der »gläserne Amadeus«, dessen Herz einen Sprung hat. Mit ihrem Stoff ist Else eigenwillig umgegangen. Lyrische Elemente stehen neben dramatischen. Die Übergänge zwischen den einzelnen Akten sind fließend, die Zeitspanne, in der das Ganze spielt, ist nicht klar. Magie und Phantastik sind vielleicht die richtigen Worte, um die Atmosphäre des Stückes zu beschreiben. Else Lasker-Schüler ist zu sehr Lyrikerin, um sich wirklich ernsthaft ins Dramatische hineinzuversetzen. Das Leben, wie Else es sieht, lässt sich nicht beherrschen, zwischen feste Grenzen einmauern. Auch soziale Unterschiede zwischen den Menschen müssen wahrgenommen werden.

»Die Wupper« wird 1919 in Berlin uraufgeführt

und der Regisseur entscheidet sich auch für eine Betonung des Phantastisch-Magischen vor allem beim Bühnenbild. Die Kritiker sind sich bis heute uneins in der Beurteilung des Stücks. Schwer einzuordnen und doch aufregend, so der Tenor. Immer wieder versuchen sich Regisseure an »Die Wupper«.

Der Erste Weltkrieg bricht herein. Für Else Lasker-Schüler ist er eine Katastrophe. Viele ihrer Freunde werden eingezogen, viele kehren nicht zurück. Die Dichterin sitzt oft im Café, wie abwesend und tieftraurig. In einem Brief an den westfälischen Schriftsteller Adolf von Hatzfeld schreibt sie: »Oben am Anfang steht der Mond und leuchtet ganz blau wie er nur bei denen scheint, die die Nacht herbeisehnen wie den Frieden nach all dem Lärm. Ich bin so müde, ich kann nicht mehr. Ich bin so entmutigt, nirgends ein Ausweg. Unter allen Banditen lieg ich manchmal wo am Strand und niemand merkt, daß ich fern bin, weiß selbst nicht, wo.«[13]

Ein neuer Ton kommt in das Schreiben von Else Lasker-Schüler. Das Spielerische, Zauberhafte verschwindet. Die Dichtung schafft es nicht mehr, zu erlösen, zu befreien von der Wirklichkeit des Tages. Sie muss sich der Realität stellen. Als auch Franz Marc im Krieg fällt, scheint ihr nichts mehr einen Sinn zu haben. »Er ist gefallen. Seinen Riesenkörper tragen große Engel zu Gott, der hält seine blaue Seele, eine leuchtende Fahne, in seiner Hand ... Denn wo der blaue Reiter ging, schenkte er Himmel. So viele Vögel fliegen durch die Nacht, sie können noch Wind und Atem spielen, aber wir wissen nichts mehr hier unten davon, wir können uns nur noch zerhacken oder gleichgültig aneinander vorbeigehen.«[14]

Elses Phantasie lebt noch immer, die Bilder sind nicht gestorben, aber sie teilt die Welt ein in ein Unten und ein Oben. Die Menschen haben es verlernt, mit dem Wunderbaren umzugehen. Statt dem Lebendigen zu dienen, töten sie.

Als die Soldaten nach der Niederlage Deutschlands in ihre Heimat zurückkehren, finden sie ein Chaos vor. Else Lasker-Schüler gibt in den Gedichten dieser Zeit der Stimmung tiefer Niedergeschlagenheit Ausdruck. Sie spricht zwar von sich, trifft aber den Ton der vielen Menschen, die verzweifelt und müde sind.

> *Sieh in mein verwandertes Gesicht ...*
> *Tiefer beugen sich die Sterne.*
> *Sieh in mein verwandertes Gesicht.*
>
> *Alle meine Blumenwege*
> *Führen auf dunkle Gewässer,*
> *Geschwister, die sich tödlich stritten.*
>
> *Greise sind die Sterne geworden ...*
> *Sieh in mein verwandertes Gesicht.*[15]

Auf der Suche nach einer Heimat, nach Ruhe sind alle Illusionen und Wünsche gestorben. Elses Gesicht sieht man an, dass es viel gesehen, einen langen Weg zurückgelegt hat. Alt wie ihr Gesicht sind ihre Visionen geworden.

In dieser aussichtslosen Zeit wendet Else sich in ihren Gedichten intensiv ihrem Judentum zu. Der Cassirer-Verlag veröffentlicht nach dem Krieg einen Gedichtband unter dem Titel »Hebräische Balladen«.

Mein Volk

Der Fels wird morsch,
Dem ich entspringe
Und meine Gotteslieder singe ...
Jäh stürz ich vom Weg
Und riesele ganz in mir
Fernab, allein über Klagegestein
Dem Meer zu.

Hab mich so abgeströmt
Von meines Blutes
Mostvergorenheit.
Und immer, immer noch der Widerhall
In mir,
Wenn schauerlich gen Ost
Das morsche Felsgebein,
Mein Volk,
Zu Gott schreit.[16]

Elses Verhältnis zum Judentum ist jedoch ganz emotional, es stützt sich nicht auf Wissen und Geschichtsbewusstsein. Ihr Gott ist ein gedichteter. Sie selbst empfindet sich als einsame Ruferin in der Wüste. Ihr Volk ist ausgelaugt und kraftlos wie sie selbst. Else geht es nicht darum, sich mit der Geschichte des Judentums auseinander zu setzen, sondern darum, einen Platz in ihm zu finden, sich mit einzelnen Figuren aus der Bibel zu identifizieren oder sich von ihnen abzuwenden. Es sind die alten Geschichten, die sie auch jetzt noch berühren. Wie immer kreist sie in sich, sucht Halt im Gedicht, in ihrer eigenen Verwandlung in die Figuren, denen sie begegnet und die sie aus der Phantasie neu erschafft.

An Gott

Du wehrst den guten und den bösen Sternen nicht;
All ihre Launen strömen.
In meiner Stirne schmerzt die Furche,
Die tiefe Krone mit dem düsteren Licht.

Und meine Welt ist still –
Du wehrtest meiner Laune nicht.
Gott, wo bist du?

Ich möchte nah an deinem Herzen lauschen,

Mit deiner fernsten Nähe mich vertauschen,

Wenn goldverklärt in deinem Reich

Aus tausendseligem Licht

Alle die guten und die bösen Brunnen rauschen.[17]

Obwohl der Cassirer-Verlag ihre bis jetzt entstandenen Werke nach und nach herausbringt, ist Else in Geldnöten. Ihr Sohn ist an Lungentuberkulose erkrankt und muss die meiste Zeit in Sanatorien verbringen. Die »wilden Zwanziger« gehen an Else vorbei. Dass Berlin, die »große babylonische Hure«, von Vergnügung zu Vergnügung taumelt, wird von der Dichterin nicht wahrgenommen. Als es Paul immer schlechter geht, nimmt sie ihn, der sich in Wien niedergelassen hatte, nach Berlin und pflegt ihn dort hingebungsvoll bis zu seinem Tod im Dezember 1927.

Vergraben in ihrem privaten Elend, registriert Else auch nicht, was sich politisch in Deutschland verändert. Vier Monate vor Pauls Tod haben sich in Nürnberg 20 000 Nationalsozialisten versammelt, um ihren Führer Adolf Hitler zu bejubeln. Die soziale Schere zwischen Arm und Reich geht stark auseinander. Der Geldverfall und die hohe Arbeitslosigkeit sind die bestimmenden Themen. Obwohl in der Hauptstadt Berlin für Geld alles zu haben ist, Theater und Kinos eine Blütezeit feiern und beim Fünf-Uhr-Tee im eleganten Hotel Esplanade die feinen Herrschaften sich zum Nachmittagstänzchen treffen, können die meisten Menschen diese Glitzerwelt nur von weitem bestaunen.

Nach dem Tod des Sohnes fällt Else Lasker-Schüler in eine noch tiefere Niedergeschlagenheit. Aus ihren Augen ist das Leuchten verschwunden, sie wirkt verschreckt und um den Mund zeigt sich ein bitterer Zug. Den großen Schmerz kann ihr auch das Mitgefühl von Freunden nicht erleichtern. Thomas Mann drückt seine Anteilnahme aus, Gottfried Benn widmet ihr sein von Paul Hindemith vertontes Oratorium »Das Unaufhörliche«.

1932 erhält Else den Kleist-Preis, was das nationalsozialistische Propagandablatt »Der Völkische Beobachter« mit den verächtlichen Worten kommentiert: »Wir meinen, daß die rein hebräische Poesie der Else Lasker-Schüler uns Deutsche gar nichts angeht.«[18]

Else beginnt zu ahnen, was da heraufzieht. Antisemitische Anpöbelungen erlebt sie schon seit einiger Zeit. Nun fängt sie an, das ganze Ausmaß der Bedrohung wahrzunehmen. Relativ unvorbereitet und überstürzt reist sie 1933 in die Schweiz. Nur mit dem Nötigsten versehen, trifft sie in Zürich ein und muss schauen, wie sie ohne die deutschen Einnahmequellen überlebt. Einige Nächte schläft sie auf Parkbänken, bis man sie in ein Hospiz bringt. Der Jüdische Kulturverband, dem Elses prekäre Lage bekannt wird, schießt Geld zu.

Im Sommer fährt Else Lasker-Schüler weiter nach Ascona im Süden. Doch obwohl sie eine »Geduldete« ist, hat sie es bei den Polizeibehörden schwer. Aufgrund der vielen Emigranten macht sich in der ganzen Schweiz Angst vor »Überfremdung« breit. Else reist von Ort zu Ort.

1934 fährt sie zum ersten Mal für ein paar Monate nach Palästina. In die Schweiz zurückgekehrt, entsteht die Prosaskizze »Das Hebräerland«, in der Else keine sachliche Information zur Situation in Palästina gibt, aber höchst phantasievoll mit ihren Erlebnissen und Beobachtungen umgeht. »Palästina ist gedanklich das fernste Land der Welt. Mir ist – ich bin auf einem anderen Stern gewesen.«[19] Dabei ist es weit eher so, dass die Dichterin den andern fremd vorkommt, so als käme sie von einem andern Stern. Mit ihrer Exaltiertheit stößt sie allerorten auf Unverständnis und Entrüstung, was sie aber nicht befremdet. »In den Synagogenstuben Rabbi Kooks weile ich mit Vorliebe. Meine Besuche, die so oft ihm allein galten, habe ich eingestellt. Mein Erscheinen entzückte das allzusehr beschäftigte Oberhaupt der Juden keinesfalls. Das Impulsive störe ihn in seinem Gleichmut, verriet mir schonend des Raws Schwiegersohn.«[20]

Else Lasker-Schüler hält sich an der eigenen überschäumenden Phantasie wie an einem Rettungsanker fest. Eine andere Möglichkeit hat sie nicht. Indem sie die Wirklichkeit nach ihrer Vorstellung verwandelt, bleibt sie am Leben, wenn auch verbittert und unter ständigen Klagen, die sie den Freunden gegenüber offen und laut ausspricht. Ihre Finanzen sind katastrophal, für »Das Hebräerland« findet sie lange Zeit keinen Verleger. Endlich erklärt sich der Züricher Verleger Oprecht bereit, das Büchlein zu drucken. Das gibt zwar eine kleine äußere Sicherheit, in ihrem Innern sieht es jedoch düster aus. Zu Hause fühlt sich Else nirgends mehr.

Die Verscheuchte

Es ist der Tag im Nebel völlig eingehüllt,
Entseelt begegnen alle Welten sich –
Kaum hingezeichnet wie auf einem Schattenbild.

Wie lange war kein Herz zu meinem mild …
Die Welt erkaltete, der Mensch verblich.
– Komm bete mit mir – denn Gott tröstet mich.

Wo weilt der Odem, der aus meinem Leben wich?
Ich streife heimatlos zusammen mit dem Wild
Durch bleiche Zeiten träumend – ja ich liebte dich …

Wo soll ich hin, wenn kalt der Nordsturm brüllt?
Die scheuen Tiere aus der Landschaft wagen sich
Und ich vor deine Tür, ein Bündel Wegerich.

Bald haben Tränen alle Himmel weggespült,
An deren Kelchen Dichter ihren Durst gestillt –
Auch du und ich.[21]

Noch stärker als unter der drückenden Finanznot leidet Else darunter, eine Exilierte, eine Vertriebene und Verscheuchte zu sein. Dass dies Menschen angetan wird, entzieht sich ihrem Verständnis. Im April 1937 reist sie zum zweiten Mal nach Israel. Auch jetzt erregt die nunmehr 68-Jährige Aufsehen. Immer noch zierlich, trägt sie ein Samtcape und auf dem Kopf ein Leopardenmützchen. Unter dem Mantel hervor lugen ihre schwarz-weiß karierten Tafthosen. Auch die Liebe zum Schmuck hat sie nicht abgelegt: Große korallenfarbene Glasohrringe baumeln von ihren Ohren und von ihrem Zeigefinger leuchtet einem ein rechteckiger Glasring entgegen. Die Schuhe sind mit kleinen Silberglöckchen geschmückt. Schalom Ben-Chorin, ein alter Freund, schreibt in seinen Erinnerungen: »Ein müder Mensch, dessen Antlitz von zerstörter Schönheit zeugt und in dessen großen schwarzen Sulamith-Augen der Wahnsinn aufloderte, saß mir gegenüber. Ich wurde stark an wahrsagende Zigeunerinnen erinnert.«[22] Das Verhetzte, Übermüdete weicht nur dann von ihrer Erscheinung, wenn sie aus ihren Gedichten liest. Dann kommt noch einmal das Glänzende, Stolze dieser nun so gebrochenen Frau zum Vorschein. Lange hält Else es in Palästina nicht aus, und sie kehrt nach Zürich zurück, wo sie im Café Select an ihren Tagebuchaufzeichnungen arbeitet und Gedichte schreibt. Viele davon haben einen direkten Bezug zu ihrem eigenen Leben, so zum Beispiel

»Mein blaues Klavier«, das an ein blaues Puppenklavier aus Elses Kinderzimmer erinnert:

Ich habe zu Hause ein blaues Klavier
Und kenne doch keine Note.

Es steht im Dunkel der Kellertür,
Seitdem die Welt verrohte.

Es spielen Sternenhände vier
– Die Mondfrau sang im Boote –
Nun tanzen die Ratten im Geklirr.

Zerbrochen ist die Klaviatür …
Ich beweine die blaue Tote.

Ach liebe Engel öffnet mir
– Ich aß vom bitteren Brote –
Mir lebend schon die Himmelstür –
Auch wider dem Verbote.[23]

Im April 1939 reist die Dichterin zum letzten Mal nach Palästina. Sie nimmt ein Zimmer im Hotel Vienna in dem belebten neuen Teil von Jerusalem. Sie möchte eigentlich auch jetzt nicht lange bleiben, sondern nach Zürich zurück. Wegen des Kriegsausbruchs braucht sie aber ein Visum, was die Schweizer Behörden ablehnen. So richtet sich Else also in Jerusalem ein und 1941 gründet sie einen Veranstaltungszirkel mit dem Namen »Kraal«. Bei den Zusammenkünften werden literarische Texte gelesen, aber auch Vorträge zu verschiedenen politischen und zeitgeschichtlichen Themen gehalten. Die Abende sind nicht jedermann zugänglich, sondern nur geladenen Gästen. Else schreibt die Einladungen immer selbst und trägt die Post eigenhändig aus. Die Orte wechseln, manchmal trifft man sich auch in der Synagoge. Doch selbst diese Momente der Begegnung mit lieben Menschen helfen nicht hinweg über die tiefe Melancholie, die sich der Dichterin bemächtigt hat. Ihre Kraft ist aufgebraucht, und sie ahnt, dass sie nicht mehr lange zu leben hat:

Ich weiß, daß ich bald sterben muß
Es leuchten doch alle Bäume
Nach langersehntem Julikuß –

Fahl werden alle meine Träume –
Nie dichtete ich einen trüberen Schluß
In den Büchern meiner Reime.

Eine Blume brichst du mir zum Gruß –
Ich liebte sie schon im Keime.
Doch ich weiß, daß ich bald sterben muß.

Mein Odem schwebt über Gottes Fluß –
Ich setze leise meinen Fuß
Auf den Pfad zum ewigen Heime.[24]

Am 16. Januar 1945 stirbt Else Lasker-Schüler an einem Herzanfall. Sie wird auf dem Ölberg beigesetzt. Bis zum letzten Tag hat sie den Glauben an die weltverändernde Kraft der Kunst nicht aufgegeben.

»Ich Schwalbe muss bald zu den Hexen gehen«
Marina Zwetajewa (1892–1941)

Es ist das Zimmer der Halbschwester Valeria, zu der
es die neunjährige Marina immer wieder zieht. Viele
Bücher gibt es hier, von der Mutter verbotene Genüs-
se: russische Klassiker wie Gogol und Puschkin und
französische Romane und Dramen. Wie sehr Marina
es liebt, heimlich zu lesen! Dabei sollte sie doch Klavier spielen, um es an pianistischer Brillanz irgendwann mit der Mutter aufnehmen zu können, ja sie zu
übertreffen. Marina soll eine berühmte Pianistin werden, aber sie zieht die Literatur vor. Zwölf Jahre ist
Valeria älter und ihr Zimmer ist nicht nur ein Ort der
Bücher. Marina wird dort auch eingeführt in die Welt
der Düfte, Cremes und Puder, silberne Pillen gegen
Menstruationsbeschwerden liegen auf dem Tischchen.
Eine Gegenwelt zu den Gesetzen der Mutter, die da
lauten: ordentlich sein, sich nicht den Äußerlichkeiten
widmen, sondern üben, üben, üben. Marina aber will
frei sein.

Maria Alexandrowa und ihr Mann Iwan Wladimiro-
witsch Zwetajew haben einen Sohn erwartet, und nun
ist es ein Mädchen, das am 26. September 1892 in
Moskau in der Straße der Drei Teiche Nr. 8 geboren

wird. Professor Zwetajew hat aus seiner ersten Ehe bereits zwei Mädchen. Maria Alexandrowa ist gerade 21 Jahre alt und hat den 24 Jahre älteren Zwetajew nicht aus Liebe geheiratet, sondern weil sie die Hoffnung auf den eigentlich Geliebten, einen verheirateten Mann, aufgegeben hat. Sie spielt hervorragend und leidenschaftlich Klavier und muss zu ihrem Kummer erkennen, dass ihr Gatte ziemlich unmusikalisch ist. Seine Fachgebiete sind römische Geschichte und Kunstgeschichte.

Das Töchterchen bekommt den Namen Marina und macht der Mutter bald schon große Freude. Es stellt sich nämlich heraus, dass Marina intelligent und hochmusikalisch ist. Also wird sie nach der Vorstellung Maria Alexandrowas eine berühmte Pianistin werden und damit das erreichen, was der Mutter versagt blieb. In ihrer Einsamkeit hängt sie solchen Wunschphantasien nach und fragt nicht, ob ihre Tochter vielleicht etwas ganz anderes im Sinn haben könnte.

Marinas Eltern zeigen wenig Kontaktfreude. Man lebt zurückgezogen, es finden keine Gesellschaften oder Feste statt. Da keine Freunde das Haus beleben, beschäftigt sich das Mädchen viel mit sich selbst. Hauptgesprächspartnerin ist die Mutter. In deren Schlafzimmer hängt ein Gemälde, auf dem der Dichter Puschkin dargestellt ist: »Das Duell«. Marina ist erst drei Jahre alt und will doch schon wissen, was genau auf diesem Bild geschieht. Die Mutter erzählt, wie der tapfere Puschkin durch einen Bauchschuss getötet wurde und selbst im Sterben keine Ergebung zeigte, sondern zurückschoss. Eine tolle Geschichte für die Ohren eines phantasiebegabten Mädchens.

»Puschkin war mein erster Dichter, und mein erster Dichter wurde getötet.«[1] Marina will auch Dichterin werden. Bereits mit sieben Jahren schreibt sie die ersten Gedichte und zeigt sie niemandem außer dem zehn Jahre älteren Nachbarssohn Serjoscha. Sie schwärmt für ihn und bewundert die Schönheit seiner Schwester. Marinas lesbische Neigung zeigt sich bereits in dieser frühen Lebensphase. Als beide, Serjoscha und seine Schwester, an Tuberkulose sterben, ist sie verzweifelt. Sie lernt, wie eng verschlungen Leben und Tod sind.

Obwohl ihre Mutter völlig mit dem Klavierspielen beschäftigt ist, entgeht ihr die Leidenschaft der Tochter für Bücher nicht und sie unternimmt alle Anstrengungen, wenigstens die Lektüre »verbotener« Bücher zu unterbinden. Marina liest heimlich. »Den dicken Puschkin las ich im Schrank, fast im Finsteren, Nase im Buch, Kopf unterm Bücherfach, ganz dicht, sogar ein wenig gewürgt von seinem Gewicht, das sich mir in den Hals presst, fast geblendet von der Nähe der winzigen Lettern. Ich las Puschkin direkt in meine Brust hinein, direkt in mein Hirn.«[2] Marina liest alles, was ihr in die Hände kommt, vor allem französische und russische Klassiker. So kann sie dem Elternhaus für Stunden entfliehen, fort in eine andere Welt.

Im Frühling 1902 erkrankt auch die Mutter an Tuberkulose. Damit beginnt für Marina, ihre zwei Jahre jüngere Schwester Assja und die große Halbschwester Valeria eine Zeit des Herumreisens. Die kalte Luft Moskaus ist der Kranken nicht zuträglich und so macht man sich auf den Weg nach Nervi in Italien. Marina kennt das Meer bisher nur aus der Literatur. Auch der Lieblingsdichter Puschkin schwärmt davon, also kann es ja gar nicht anders als überwältigend sein.

Das Leben bekommt endlich ein wenig mehr Farbe. Eine Gruppe von russischen Anarchisten, die aus Opposition gegen den Zaren freiwillig emigriert sind, wohnt in der gleichen Pension und die Kinder singen deren revolutionäre Lieder nach. 1903 allerdings muss die Mutter in ein Sanatorium und Marina und Assja werden in ein Internat nach Lausanne gebracht. Die Mutter hat jedoch sehr bald Vorbehalte gegen den strengen Katholizismus dieser Schule, so werden die Mädchen in ein Internat nach Freiburg im Breisgau geschickt, das sich jedoch als nicht weniger streng erweist. Fürs Bettenmachen zum Beispiel gibt es Zensuren. Marina wehrt sich, indem sie der Lehrerin böse Streiche spielt. Fräulein Enni bekommt eine Puppe mit Schwanz und Hörnern und mit einem Strickkleid bekleidet überreicht, was für Marina den Ausschluss vom Unterricht bedeutet. Ihr Stolz lässt es nicht zu, dass sie sich entschuldigt. Die Eltern, die zwar ein solches Betragen nicht akzeptieren, aber fast ausschließlich mit der Krankheit der Mutter beschäftigt sind, kommen, um ihre Töchter abzuholen. Marina verlässt das Internat mit hoch erhobenem Haupt, ohne auch nur den Anschein von Reue zu zeigen.

Die Schwestern kehren mit den Eltern zusammen nach Russland zurück. Der Mutter geht es zunehmend schlechter, sie hat Sehnsucht nach der Heimat und will auf keinen Fall noch länger unterwegs sein. Vielleicht ahnt sie bereits, dass sie nicht mehr lange leben wird.

In Russland herrscht eine immer stärker werdende Unzufriedenheit mit dem Regime. Der Volkszorn richtet sich gegen den Zaren, der nichts gegen die zunehmende Verarmung der Bauern und Arbeiter in seinem Reich tut. Der Reichtum konzentriert sich in wenigen Händen. Der größte Teil der Bevölkerung kommt materiell auf keinen grünen Zweig und macht den Zaren dafür verantwortlich. Die russische Seele ist zwar duldsam, aber auch nur so lange, wie der knurrende Magen nicht alle anderen Laute übertönt. Der Zar zeigt sich hart und unbeugsam, er tritt weiterhin mit der Arroganz auf, die seine Macht ihm erlaubt. Der 22. Januar 1905 geht als so genannter »Blutsonntag« in die Geschichte ein, weil eine friedliche Demonstration von Arbeitern durch schießende

Soldaten des Zaren gewaltsam beendet wird. Im Oktober 1905 streiken die Eisenbahner und legen den gesamten Schienenverkehr lahm. Dennoch siegt die alte Ordnung noch einmal.

Im Juni 1906 stirbt Marinas Mutter. Ihre letzten Worte sollen gewesen sein: »Leid tut es mir nur um die Musik und die Sonne.« Marina rührt das Klavier nach dem Tod der Mutter nur noch selten an, sehr zum Leidwesen ihrer Lehrerinnen. »Es gibt Kräfte, die selbst in solchem Kind solche Mutter nicht überwinden kann.«[3] Es genügt nicht, die eigene Begeisterung auf sein Kind übertragen zu wollen, das stärkere Element wird sich doch durchsetzen.

Marina verschmerzt den Tod der Mutter schwer, obwohl die Beziehung zu ihr ja wirklich kompliziert war. Sie liest in den Tagebüchern der Mutter und ist tief betroffen davon, wie wenig diese ihr Leben verwirklichen konnte. Eine fremde Frau mit einem bis dahin unbekannten Innenleben tritt ihr in den intimen Äußerungen entgegen und Marina erfährt zum ersten Mal etwas davon, dass Alltag und Traum auseinander klaffen können und dass dieser Widerspruch einen Menschen unglücklich machen kann.

Der Vater ist anders: Seine Arbeit erfüllt ihn so, dass er sich nichts anderes wünscht. Um seine Kinder und hier vor allem um die eigenwillige Marina kümmert er sich nicht groß, zumal man ihr die hohe Sensibilität nicht auf den ersten Blick ansieht. Ihre dunklen Augen schauen oft sehr ernst, aber in manchen Momenten blitzt auch der Schalk aus ihnen hervor. Um den Mund hat sie einen trotzigen Zug: Wirklich verwirrend, das Mädchen! Die Lehrer stöhnen, weil Marina schwer zu überzeugen ist und meistens mit dem Kopf durch die Wand will. Als ihr angeraten wird, die Schule zu verlassen, überlegt sie nicht zweimal. Paris erscheint ihr eine verlockende Alternative zum trockenen, faden Schulalltag in Moskau zu sein. Der Vater hat keine Einwände und so kann sie die beiden Sommer 1808 und 1809 an der ehrwürdigen Sorbonne ein paar Kurse besuchen. Mehr als die Universität aber reizt das 17-jährige Mädchen die flimmernde Großstadt, das Menschengewimmel, interessante Gesichter, in denen sich geheimnisvolle Lebensläufe eingegraben haben. An einer Straßenecke lockt ein viel sagendes Lächeln, in einem Restaurant werden Blicke mit einem schönen Unbekannten getauscht. Marina verbringt die lauwarmen Abende in einem der vielen Straßencafés und bald schon hat sie sich doppelt verliebt: in einen Mann, Wladimir Nilender, und in eine Frau, Assja Turgenjewa. Sie kann sich nicht entscheiden, für wen sie heftiger entflammt ist. Sie fühlt sich hin- und hergerissen, kommt in Konflikt mit der Tagesplanung, denkt an Assja, wenn sie mit Wladimir zusammen ist, und umgekehrt. Nie ist ihr die Leidenschaft groß genug, sie will immer noch mehr. Es wundert einen nicht, dass sie letztlich die Verliererin sein muss; beide, Geliebter und Geliebte, verlassen sie nach kurzer Zeit. Sie leidet, an der verlorenen Liebe und an ihrem eigenen Ungenügen, aber sie wäre nicht Marina Zwetajewa, kehrte nicht die Lebenslust und die gespannte Erwartung einer ungewissen Zukunft schnell zurück. Man weiß ja nie, was noch kommt, demnächst, wenn sie nach Moskau zurückkehrt.

Überall, an jeder Straßenecke wartet ein Abenteuer und das Mädchen mit dem zu dieser Zeit ungewöhnlichen Bubikopf und der Zigarette zwischen den Lippen muss nur zugreifen. In Moskau herrscht ein reges geistiges Leben. Der Dichter und Maler Maximilian Woloschin führt sie in einen literarischen Salon mit dem geheimnisvollen Namen »Mussagetes« ein, in dem sie eigene Gedichte vortragen darf, und 1910 veröffentlicht sie auf eigene Kosten einen Gedichtband unter dem Titel »Abendalbum«. In den meisten der hier gesammelten Verse beschäftigt sie sich mit dem Tod:

Auf ewig tot zu sein. Rührt's vielleicht daher,
Daß das Schicksal mich soviel verstehen ließ?[4]

Ihre frühen Erfahrungen mit dem Tod haben den Sinn für die Endlichkeit des Lebens geschärft. Marina hat keine Begabung zum Verdrängen; was ihr begegnet, hält sie gefangen. Das Verhältnis zwischen Leben und

Schreiben gestaltet sich schwierig. Einerseits brauchen die beiden einander, aber sie stehen sich auch feindlich gegenüber. Geschriebenes hat immer den Geruch der Reflexion und behindert dadurch das ungehemmte, leidenschaftliche Leben. Auf der anderen Seite verhungert das Schreiben ohne die dauernde Anreicherung durch Erlebtes. Dichter müssen etwas erleben, sonst haben sie nichts zu schreiben. Und sie schreiben es nicht nur für sich, sondern auch für mögliche Leser. Aber Marina betrachtet das Lesen, das ihr immer eine wertvolle Gegenwelt zum Elternhaus bot, jetzt mit Argwohn. 1911 schreibt Marina an den Dichter und Maler Maximilian Woloschin: »Bücher sind der Tod. Wer viel gelesen hat, kann nicht glücklich sein. Denn Glück ist immer unbewußt, Glück ist nur Unbewußtheit. Lesen bedeutet soviel wie Medizin studieren und genauestens um die Ursache jedes Seufzers, jedes Lächelns und – es klingt sentimental – jeder Träne zu wissen.«[5] Das sagt eine Frau, die selbst schreibt, die Geschriebenes liebt, aber gleichzeitig den Eindruck hat, dadurch das unmittelbare Leben zu verpassen. »In Gedanken habe ich alles erlebt, alles aufgenommen. Meine Einbildungskraft eilt immer voraus. Ich öffne Blüten, bevor sie noch aufbrechen, ich berühre grob das Allerzarteste, und ich tue das unwillkürlich, ich kann es nicht lassen! Heißt das, ich kann nicht glücklich sein? Mich künstlich ›vergessen‹ will ich nicht. Ich habe eine Abscheu vor solchen Experimenten. Natürlich – ich kann nicht wegen meines scharfen Blickes nach vorn oder zurück.«[6] Marina hat Ideen, macht sich Vorstellungen, kann ihr Denken nicht einfach abstellen. Sie hat Probleme, sich einem schönen Sommertag hinzugeben, sich einem Menschen vorbehaltlos zu öffnen, weil der Verstand immer mitmischt.

Bekannt ist Marina mit Woloschin seit 1910, wo sie ihn bei einer Lesung kennen gelernt hat. Er ist 33 Jahre alt und macht einen ehrwürdigen Eindruck mit seinem großen von einem Krausbart umrahmten Gesicht und dem unvermeidlichen Zylinder. Der sensible und liebenswürdige Mann kennt das »Abendalbum«, ist bald ein glühender Verehrer von Marinas Dichtung und gleichzeitig ein guter Freund. Der erste Besuch in Marinas Haus ist für ihn allerdings ein Schock. Beim Öffnen der Tür tritt ihm eine kahlköpfige junge Frau entgegen. Marina hat sich aus Eitelkeit, um zu einer volleren Haarpracht zu kommen, ein Mittel auf die Kopfhaut gegeben, das Wasserstoffsuperoxyd enthält. Ein hellgelber Kopf war das Ergebnis und Marina hat sich daraufhin den Kopf geschoren. Woloschin zeigt eine verblüffende Reaktion: Er betastet Marinas Schädelform und meint, sie habe den Kopf eines Römers.

Die Gespräche mit dem hochgebildeten, ungewöhnlichen Mann sind für Marina immer spannend, manchmal ernst, manchmal humorvoll. Sie lernt viel Neues kennen, lässt sich zum Beispiel für das Leben des Casanova begeistern, dessen Memoiren Woloschin ihr mitbringt, aus Zufall oder mit Vorbedacht, wer weiß! Casanova war ein Mensch mit einer hohen Bildung, einem scharfen Verstand und gleichzeitig einem alles verschlingenden Lebens- und Liebeshunger. Diese Verwandtschaft muss Marina, selbst wenn es sich um einen Mann handelt, auffallen.

Woloschin besitzt eine Datscha auf der Krim, und als er Marina dorthin einlädt, nimmt sie freudig an. Was an diesem Ort geschieht, ist entscheidend für ihre Zukunft und gehört gleichzeitig zu den vielen Rätseln ihres Lebens. Sie lernt den 17-jährigen Sergej Efron kennen und hat die Ahnung, dass der junge Mann sich nichts sehnlicher wünscht als eine Frau, die ihn von ganzem Herzen liebt. Ihre Einbildungskraft gaukelt ihr wieder einmal etwas vor. Warum soll nicht ich die Frau seines Lebens sein?, sagt sich Marina in keckem Übermut und schließt, als sie beide am Strand mit den vielen schönen Kristallen und Steinen spielen, einen Pakt mit sich selbst: »Wenn dieser Junge eine Karneolperle findet und mir schenkt, werde ich ihn heiraten.«[7] Sergej findet eine solche wunderbar rötlich glänzende Perle und überreicht sie ihr.

Wer aber ist dieser junge Mann? Die Mutter, aus altem Adel stammend, ist 1905 durch Selbstmord aus dem Leben gegangen. Sie gehörte wie der Vater seit 1879 einer revolutionären Partei an, die sich für eine Neuverteilung des Grundbesitzes einsetzte. Äußerlich aristokratisch auftretend, waren ihre Ansichten sehr radikal und sie schreckte selbst vor terroristischen Aktionen nicht zurück. Wie ihre Freunde verbrachte sie viele Monate im Gefängnis.

Sergej ist immer ein kränkliches Kind gewesen, und das ist der Grund, weshalb man ihm den Tod der Mutter lange verschwiegen hat. Eine früh aufgetretene Tuberkulose und sein zur Schwermut neigender Charakter bleiben ständige Begleiter. Zudem leidet er nicht gerade an übergroßer Bescheidenheit, sondern ist der Meinung, zum Dichten berufen zu sein. Eine seltsame Mischung aus Schwachheit und Großtunmüssen prägt diesen Menschen. Ob es Marina klar ist, mit wem sie sich zusammen tut?

Als ihre Schwester Assja auf die Krim kommt, eröffnet ihr die exzentrische, wie ein Junge gekleidete Dichterin, sie sei mit Sergej verlobt. Assja findet ihn zwar hübsch, aber ein wenig einfältig. Marina spielt sich als Retterin seiner Seele auf, die, wie sie glaubt, ohne ihre hingebungsvolle Liebe verloren wäre. Zärtlich nennt sie ihn Serjoscha. 1912 heiraten die beiden. Marinas Vater ist strikt dagegen, aber was soll er tun gegen den Entschluss seiner eigenwilligen Tochter, die noch nie viel nach seiner Meinung gefragt, geschweige denn seinen Rat in Anspruch genommen hat.

Nach einer kurzen Reise nach Sizilien lässt sich das Paar in Moskau nieder, wo sie dank der finanziellen Unterstützung von Marinas Familie ein Haus kaufen

können. In einem 1914 geschriebenen Gedicht mit dem Titel »S.E.« schreibt Marina:

> *Ich trage trotzig seinen Ring.*
> *Im Ewigen – Gattin, nicht auf dem Papier!*
> *Verschärft ist des Gesichtes Schnitt*
> *Schmal wie ein Rapier.*
>
> *Stumm der Mund, die Winkel steil*
> *Marternd reich das Augendickicht.*
> *In seinen Zügen streiten zwei*
> *Alte Geblüte, tragisch gemischt.*
>
> *Graziler Wuchs geschoßener Zweige*
> *Die Augen – schöne Luxustinten!*
> *Die Brauenflügel, die geschweiften*
> *Beschatten Abgründe.*
>
> *Mit ihm steh ich einem Ritter zur Seite*
> *– Euch allen, wer lebte und lachte dem Tod! –*
> *Solche – kommen harte Zeiten –*
> *Schreiben Stanzen und gehen aufs Schafott.*[8]

Ist das wirklich Serjoscha, oder zeichnet die Vorstellungskraft Marinas ein Bild, das ihn überhöht und verklärt? Bücher sind der Tod, sagt sie, und dieser Serjoscha, ist er nicht wirklich irgendwie tot, eine in Worte gemeißelte Figur? Hübsch, aber einfältig, meinte Assja, von Tragik und Abgründen spricht Marina, aber der wirkliche Serjoscha wird sich erst mit der Zeit entpuppen.

Er besucht zunächst die Schauspielschule, während Marina schreibt und sich um die 1912 geborene Tochter Ariadna, genannt Alja, kümmert. Außerdem erledigt sie nebenher die Korrespondenz ihres Vaters. Das hat allerdings bald ein Ende. Der Vater stirbt und hinterlässt seiner Tochter ein kleines Vermögen. Marina tut nun mehr für ihr Äußeres, trägt lange Kleider und viel Schmuck. Sie kann sich ein Kindermädchen leisten und hat Zeit, sich intensiver ihrer Dichtung zu widmen. Serjoscha spürt, dass seine Frau ihm nicht allein gehört, dass er um sie kämpfen muss. Der Ausbruch des Ersten Weltkriegs, den Marina zunächst nur am Rande registriert, scheint ihm eine gute Gelegenheit zu sein, ihr zu beweisen, was für ein Kerl er ist. Er setzt alles daran, eingezogen zu werden. Sie aber reagiert nicht so, wie ihr Mann sich das vorstellt, beachtet seine Aktivitäten kaum und lebt in ihrer eigenen Welt.

Was sie noch nicht wissen kann, ist, dass sie in dieser Zeit zum letzten Mal in ihrem Leben ein eigenes Zimmer mit einem großen Schreibtisch hat. In Ariadnas Erinnerung sieht der Raum so aus: »Ein Zimmer mit vielen Ecken und Winkeln, mit einem märchenhaften blauen Kronleuchter aus der Zeit Kaiserin Elisabeths, der vom Plafond herunterhing, und einem

Wolfsfell vor dem niedrigen Divan. Ich erinnere mich, wie meine Mutter sich rasch zu mir herabbeugte, ihr Gesicht an meinem, an den Geruch von korsischem Jasmin, das Rascheln ihres Seidenkleides und an die Art, wie sie sich behende neben mir auf dem Boden niederließ.«[9]

Ariadna hat einen sehr unverstellten Blick auf die Mutter und erkennt messerscharf deren Charakterzüge: »Meine Mutter ist sehr merkwürdig. Sogar wenn sie wütend wird, ist sie zum Liebhaben. Sie rennt dauernd irgendwohin. Sie hat ein großes Herz. Eine sanfte Stimme. Einen schnellen Gang. Sie kann es nicht leiden, wenn sie mit albernen Fragen belästigt wird, dann wird sie sehr zornig. Manchmal ist sie abwesend wie jemand, der nicht da ist, aber dann scheint sie plötzlich aufzuwachen, fängt an zu sprechen und dann scheint sie mit den Gedanken wieder woanders zu sein.«[10]

Merkwürdig ist Marina in der Tat. Sie tut, was sie will, sie liebt, wen sie will, und macht sich in der Phantasie von den Menschen Bilder, die oftmals mit deren wirklichem Charakter nicht übereinstimmen. 1914 verliebt sie sich in die Lyrikübersetzerin Sophia Parnok. Lesbische Beziehungen gelten in den Künstlerkreisen, in denen Marina sich bewegt, nicht als unmoralisch. Dennoch hat Marina mit Schuldgefühlen zu kämpfen und drückt diese in einem Gedicht aus:

Uns blüht die Hölle, feurige Schwestern
Der teerige Teufelstrank
Uns, denen aus jeder Ader
Das Loblied Gottes sang.[11]

Marina steht zu ihrer Leidenschaft. Sie sieht sich selbst und ihresgleichen als Feuerwesen, die die Liebesglut brauchen und trotzdem Angst vor einer Bestrafung haben. Absolutheit will Marina, in ihrer Kunst und im Leben: alles oder nichts! Wie aber steht es mit ihrer Ehe? Hatte sie Serjoscha nicht die Treue versprochen? Der ist in der Tat schwer gekränkt und hält die Nähe zu Marina nicht mehr aus. Er wartet nicht mehr darauf, als Soldat eingezogen zu werden, und meldet sich freiwillig zum Dienst in einem Sanitätszug.

Sophia nimmt die Beziehung weit lockerer als Marina. Sie hat daneben noch andere Liebschaften und verlässt Marina nach zwei Jahren. Die ist verzweifelt, spricht von der ersten echten Katastrophe ihres Lebens. Aber sie hat die Arbeit, die bleibt, wenn alles andere in die Brüche geht. So verkriecht sie sich hinter dem Schreibtisch. Ihre Gedichte trägt sie auf Abendgesellschaften vor, die von Literaten und Theaterleuten veranstaltet werden, und veröffentlicht einen großen Teil in der St. Petersburger Literaturzeitschrift »Nordische Annalen«. Sie erntet viel Beifall und genießt diesen Erfolg. Die langen Nächte mit geistreichen Personen und Gesprächen über Dichtung versetzen sie in einen anhaltenden Rausch.

Die Enttäuschung über das plötzliche Ende der Liebesbeziehung zu Sophia Parnok hindert Marina nicht daran, sich bald schon wieder zu verlieben. Sie lernt den Dichter Ossip Mandelstam kennen. Mit seiner Frau Nadesda lebt er in Moskau und fühlt sich stark hingezogen zu der jungen Dichterin, wenn auch hier wieder Marina den leidenschaftlicheren Part spielt. Es ist typisch für sie, dass sie ihren Geliebten für sich will und darunter leidet, wenn dieser Absolutheitsanspruch sich nicht erfüllt. Die Jugendlichkeit und Schönheit Mandelstams fasziniert sie und daraus entsteht ein Gedicht:

> *Was stimmte mich so zärtlich?*
> *Ich strich schon Lockenhaar,*
> *Und Lippen kannte ich,*
> *Dunklere als dein Paar.*
>
> *Die Sterne stiegen und sanken*
> *(Was stimmte mich so zärtlich?)*
> *Es stiegen und sanken die Augen,*
> *Die mir erschienen sind.*[12]

Serjoscha ist wieder betrübt, gewöhnt sich aber langsam an die Eskapaden seiner Frau und hält sich im Hintergrund. Er ist sich seiner Abhängigkeit von Ma-

rina bewusst und weiß, dass er niemals dagegen an-
kommt. Diese Frau ist ihm Gattin und Mutterersatz.
Er kommt ohne sie nicht aus und so zieht er nie wirkliche Konsequenzen aus ihrer wiederholten Untreue.
Serjoscha ist nicht der Typ für große Auftritte. Er
haut nicht auf den Tisch und sagt: »Jetzt reicht es
mir.« Mandelstams Frau Nadesda hingegen spricht
von Marina nur als der »nebelverschleierten Nonne«
und zeigt ihre Eifersucht offen.

Marina ist hingerissen von Mandelstam und
schreibt nicht nur Liebesgedichte für ihn, sondern
widmet ihm einen ganzen Gedichtzyklus mit dem Titel »Verse über Moskau«. Am meisten zu Hause fühlt
sich Marina in Moskau, vor allem in den Nächten, in
denen sie, von Schlaflosigkeit geplagt, durch die Straßen läuft. So hat ihr Bild Moskaus etwas Träumeri-
sches, wie auch sie selbst den Eindruck hat, auf ihren
nächtlichen Gängen durch die Stadt nicht wirklich
real zu sein. Sobald sie sich hinsetzt und schreibt, bekommen die Menschen und Dinge in der Stadt ein
Gesicht. Im Schreiben öffnen sich die Tore Moskaus.

Heut Nacht bin ich in dieser Nacht allein –
Im schwarzen Kleid die Nonne, schlaflos, hauslos! –
Für heute Nacht sind alle Schlüssel mein
Zu allen Toren der alleinigen Hauptstadt[13]

Vielleicht sind ja die Worte die Schlüssel, mit denen

sie sich Moskaus Tore öffnet. Ihr Zugang ist ein ganz persönlicher. Dabei wird die Stadt immer deutlicher und sie selbst immer schattenhafter.

> *Die schwarze Pappel und im Fenster Licht.*
> *Der Glocke Klang, die Hand Vergißmeinnicht.*
> *Und dieser Schritt, der niemands Ferse sticht.*
> *Den Schatten gibt's – nur mich – mich gibt es nicht.*[14]

Außerhalb der vier Wände, in denen Marina über ihren Gedichten brütet, haben sich die sozialen Spannungen im Land verschärft. Die Soldaten leiden Not, während die Reichen Moskaus und St. Petersburgs in den Vergnügungsvierteln sitzen und prassen. Die Regierung scheint nichts mehr im Griff zu haben, das Zarenpaar lebt mehr und mehr isoliert von der Bevölkerung. Die Versorgungslage in den Städten ist katastrophal, Unzufriedenheit und Hass wachsen bei den breiten Massen.

Und Marina Zwetajewa? Engagiert sie sich politisch? Nimmt sie überhaupt wahr, was um sie herum passiert? Die exaltierte, wilde, träumerische, herrische Dichterin hat ihre Gedichte im Kopf und führt ihr unbürgerliches Leben am liebsten in einer geschützten Umgebung. Äußere Sicherheit ist ihr wichtig, vor allem als im April 1917 ihre zweite Tochter Irina geboren wird. Marina kann sich vom Zaren noch nicht abwenden, weil er in ihren Augen das Land vor dem

Chaos beschützt. Die Mehrheit des russischen Volkes aber will eine Erneuerung. Die Menschen sind gespalten in eine Gruppe, die Reformen möchte, und eine andere Gruppe, die für eine Revolution ist. Letztere nennt sich Bolschewiki und ihr Führer ist Lenin. Der Zar wird zur Abdankung gezwungen und die gemäßigten Sozialisten rufen mit den Liberalen zusammen eine provisorische Regierung aus. Sie sind für eine Fortführung des Ersten Weltkriegs. Die Bolschewiken unterstützen dagegen die Forderung des kriegsmüden Volkes nach einer Beendigung, außerdem versprechen sie den Bauern eine Enteignung der Großgrundbesitzer. Damit gewinnen sie an Ansehen und werden immer mächtiger. Am 7. November (26. Oktober des alten Kalenders) wird das Regierungsgebäude in Petrograd gestürmt und die Bolschewisten mit Lenin an der Spitze übernehmen die Führung. Das Ereignis wird unter dem Namen »Oktoberrevolution« in die Geschichte eingehen.

Marina wird vom revolutionären Fieber nicht ergriffen. Sie zeigt sich verwirrt durch die Ereignisse, die sie nicht richtig einordnen kann. Der Zar hätte sich anders wehren sollen. Schließlich hatte er Verantwortung für den Staat. Serjoscha schlägt sich auf die Seite der Antirevolutionäre, der so genannten »Weißen«. Als das Ehepaar von einer Reise nach Koktebel, wo es Woloschin besucht, nach Moskau zurückkehren möchte, wird Serjoscha von der Roten Armee, die die

Stadt abgeriegelt hat, nicht mehr hineingelassen und muss draußen bei den Weißen bleiben. Marina hingegen kann weiterhin in Moskau leben, darf sich aber nicht außerhalb der Stadtmauern aufhalten. Die folgenden fünf Jahre werden die beiden getrennt sein voneinander.

Trotz dieser harten Erfahrung verdrängt Marina weiterhin die Politik und den Krieg. Stattdessen hat sie sich gerade neu verliebt. Der schöne junge Mann heißt Wolodja und ist Schauspieler. »Wie ein auf die Spitze gestelltes Dreieck. Die Schultern haben alles, die Hüften nichts.«[15]

Wolodja merkt bald, dass Marina ihm Eigenschaften zudichtet, die er nicht hat. Lieber als am Tag besucht er sie nachts, wo die klaren Umrisse verschwimmen und er keine Angst davor haben muss, geschen zu werden, so wie er ist.

Zur gleichen Zeit hat Marina auch wieder eine leidenschaftliche lesbische Beziehung. Sie verliebt sich in die Schauspielerin Sonja Holliday, die eine Lesung Marinas besucht und ihr wenig später sagt: »O Marina! Ich bin damals so erschrocken! Dann habe ich fürchterlich geweint. Als ich Sie sah und hörte, war ich sofort wahnsinnig in Sie verliebt. Ich habe begriffen, dass man sich wahnsinnig in Sie verlieben muß.«[16]

Die beiden sind einander nicht treu, haben nebenher andere Beziehungen, lieben sich aber dennoch mit großer Hingabe. Auf eine solch extreme Gegenliebe ist Marina bisher nie gestoßen. Umso befremdlicher, dass Sonja nach ein paar Monaten einfach aus Moskau verschwindet, ohne sich zu verabschieden. Das Muster dessen, was jetzt mit Marina passiert, kennt man schon: Sie konzentriert sich voll und ganz auf ihre Gedichte und versucht, sich wieder darüber klar zu werden, was ihr das Dichten bedeutet. So verarbeitet sie den Schmerz über den erneuten Abschied.

Gedichte wachsen still wie Sterne und wie Rosen,
Wie Schönheit, die nicht nutzt, wie ungebrauchte Zier.
Und alle Ruhmeskränze und Apotheosen
Erklären nicht: warum drängt Vers auf Vers aus mir?

Wir mögen ruhn; still wird sich in den Zwischenräumen
Des Straßenpflasters Klee ums Vierblatt Glück bemühn.
Begreift: Der Dichter sucht und findet in den Träumen
Die Sterngesetze und die Formel für das Blühn.[17]

In dem wilden, rauschenden Leben gibt es einen Ort, an dem es still zugeht, an dem Worte sich aneinander reihen, Verse entstehen: die dichterische Phantasie. Die Verse erfüllen ihren Zweck in sich und wirken nicht darüber hinaus in den Alltag. Sie bilden eine Art Gegenwelt zu der rauen Wirklichkeit, in der sich für Marina nichts zum Besseren wendet.

Die Versorgung mit den zum Leben nötigsten Gütern ist noch immer schlecht, es fehlt an allem und Marina muss Touren aufs Land unternehmen, um für sich Nahrungsmittel zu erbetteln oder gegen Stoffe einzutauschen. Es ist sehr schwer, aus Moskau herauszukommen, die Züge werden von Rotarmisten kontrolliert, überhaupt ist Kontrolle das Wort der Stunde.

Um irgendwie zu Geld zu kommen, nimmt Marina im November 1918 eine Stelle bei der Presseabteilung des Volkskommissariats für Nationalitätenfragen an. Sie archiviert Zeitungsausschnitte, eine eintönige Arbeit, die sie fast ein halbes Jahr durchhält. Länger schafft sie es nicht und kündigt. Da sie jedoch keine anregendere Arbeit findet, nimmt sie als Nächstes eine Stelle an, bei der sie Karteikarten alphabetisch ordnen muss. Wieder hält sie nicht durch, obwohl sie das Geld braucht. Auch das Jahr 1919 ist ein Hungerjahr für die Mehrheit der Bevölkerung. Wirtschaftlich hat sich unter der neuen Regierung nicht allzu viel getan. »Ich lebe mit Alja und Irina (Alja ist sechs, Irina zwei Jahre und sieben Monate alt) in der Boris-und-Gleb-Gasse, gegenüber von zwei Bäumen, im Dachzimmer, ehemals das von Serjoscha. Mehl haben wir keins, Brot haben wir keins, die circa 12 Pfund Kartoffeln, der Rest von einem Pud, das uns die Nachbarn liehen, sind unser ganzer Vorrat.«[18] Trotzdem scheint Marina diesen Zustand besser zu ertragen als eine Arbeit, die zwar Geld bringt, sie jedoch zu Tode langweilt.

Marinas Alltag hat sich grundlegend verändert. Es

fehlt an der äußeren Behaglichkeit, die sie so schätzt und an der es ihr bisher nicht mangelte. Von nun an bis zu ihrem Tod wird sie jeweils nur noch einen einzigen Tisch haben, an dem gegessen und auf dem gebügelt wird, wo sie Zwiebeln schneidet und Gäste bewirtet und ihre Gedichte schreibt. Manchmal schläft sie mit ihrer Tochter Alja im selben Bett, damit sie einander wärmen können. Irina muss in ein staatliches Waisenhaus gegeben werden, weil Marina sie nicht mehr ernähren kann. Dennoch stirbt das Kind im Winter 1919/20 an Hunger.

Es geht nicht nur Marina schlecht, auch andere haben zu kämpfen. Der Dichter Boris Pasternak zum Beispiel geht hausieren mit den wertvollen Büchern aus der Familienbibliothek, weil der Hunger jedes andere Bedürfnis überwiegt. So lautet leider die bittere Wahrheit. Trotzdem befällt Marina keine innere Starre, die Trauer um die Tochter und der unermüdliche Kampf ums tägliche Überleben haben die Freude am intensiven Erleben noch nicht zerstören können. Immer noch gibt es erfüllte Momente für sie. »Nicht aufgeschrieben habe ich das Allerwichtigste: die Fröhlichkeit, die Gedankenschärfe, die Ausbrüche von Freude beim geringsten Gelingen, die leidenschaftliche Gespanntheit der ganzen Existenz.«[19]

Das äußere Chaos hindert Marina nicht daran, konzentriert zu arbeiten, ihre kreative Wachheit zu behalten.

Und wissen: der Geist ist mir Führer und Bleibe.
Erscheinen und gehen wie ein Strahl, wie ein Wehn.
So musterhaft bleiben und dicht, wie ich schreibe,
Wie Gott ausersah und die Freunde nicht sehn.[20]

Die Dichterin lebt sehr zurückgezogen und hält zu dieser Zeit nicht einmal Lesungen ab. Aber sie hört andere lesen, und unter diesen ist der russische Dichter Alexander Block, dem sie 1916 das folgende Gedicht widmet:

Ich liebe dich voll Ruhelosigkeit,
Ich höre dich, noch ohne Schlaf, zur Zeit,
da in den Kremltüren schon bereit
die Glöckner stehn, die Hände an den Seilen.

Und doch ich weiß: Mein Fuß wird nie zum Strand
Des deinen strömen, meine leere Hand
Bleibt deiner, du, mein Lieber, unbekannt,
Weil sich zwei Morgenröten nie ereilen.[21]

Marina braucht immer wieder die Liebe, weil sie ihr das Gefühl gibt, lebendig zu sein. Wie groß die Rolle ist, die dabei die Phantasie spielt, haben die vergangenen Liebesbeziehungen bereits gezeigt. Die Bilder in Marinas Kopf erzeugen eine Glut, an der sie sich wärmen kann. Im Fall von Alexander Block ist es ihre Sehnsucht, die den geliebten Dichter so nahe bringt, als sei er in Wirklichkeit da. Block, mit dem sie noch kein persönliches Wort gesprochen hat, ist für sie unerreichbarer Geliebter und Dichter-Bruder. Zwei Poeten gleichen Ranges werden mit der Morgenröte verglichen, die einen neuen Tag verheißt. Die wirkliche Zukunft der Welt liegt in den Händen der Dichter. Als Marina Alexander Block 1920 endlich wirklich bei einer Lesung erlebt, ist er bereits ein kranker Mann, der nur noch ein Jahr zu leben hat. Selbst das Vorlesen seiner Verse bereitet ihm Mühe. Die Beziehung zu Block betrifft Marinas Innerstes, ihren Beruf als Dichterin. Block steht für das Reine, fast Heilige, das in Marinas Augen die Dichtung ist, und sie verehrt ihn über die Maßen. So ist es verständlich, dass sie, die sonst wenig Schüchternheit an den Tag legt, sich nicht traut, ihn anzusprechen, sich ihm vorzustellen. Sie bleibt gebannt wie die anderen Zuhörer im Sessel sitzen. Mit Alexander Block spricht sie nur im Gedicht.

Von Serjoscha hört Marina nichts. Obwohl man ihr von den Plünderungen und Mordtaten der Weißen Armee erzählt, glaubt sie kein Wort davon, weil sie sich nicht vorstellen kann, dass ihr Mann einer Truppe von gewalttätigen Kerlen angehört. Ihre Urteilskraft in solchen Dingen ist nicht sehr verlässlich.

Auch die zweite große russische Dichterin, Anna Achmatowa, leidet unter den gesellschaftlichen Verhältnissen. Auch sie steht der politischen Agitation fremd gegenüber, lebt allein für ihre Dichtung. Auch sie leidet Hunger. Marina verehrt Anna, der sie bereits einen Gedichtzyklus gewidmet hat, und auch Anna schätzt Marina.

Ich danke Ihnen – Herz und Hand! – dafür,
Daß Sie mich unwissend in Ihnen
Tragen: für meine nächtlich stille Tür,
Die seltenen Treffen unter Dämmergardinen,
Die Nachtspaziergänge im Mondrevier,
Für unsre Köpfe, nicht von der Sonne beschienen –
Dafür, daß Sie toll sind – leider – nicht nach mir,
Dafür, daß ich toll bin – leider – nicht nach Ihnen![22]

Anfang Juli 1921 erhält Marina einen ziemlich jammervollen Brief von Serjoscha aus Prag: »Was soll ich über mein Leben sagen? Ich lebe von einem Tag zum anderen. Jeder Tag ist ein Kampf, und jeder bringt unser Wiedersehen näher. Das letztere gibt mir Fröhlichkeit und Kraft. Ansonsten ist alles ringsum sehr schlimm und hoffnungslos.«[23]

Marina hat zu diesem Zeitpunkt bereits beschlossen zu emigrieren, ohne Gründe anzugeben. Da politische Motive eher unwahrscheinlich sind, mag wohl die Hoffnung auf ein besseres Leben in Verbindung mit der Aussicht, Serjoscha treffen zu können, ausschlaggebend sein. Bis zum Tag der Abreise im Frühling

1922 schreibt sie jedoch noch mehr als hundert Gedichte.

Ich Schwalbe muß bald zu Hexen gehn.
Zeit ist's, sag, Jugend, mir auf Wiedersehn!
Laß mich im Wind ein wenig bei dir sein,
Du, Dunkelhäut'ge, tröste so die Schwester dein.[24]

Marina ist in Abschiedsstimmung. Das Weggehen aus der Heimat bedeutet den Verlust des Ortes ihrer Jugend. Vieles muss sie zurücklassen, Bücher und Fotos von Serjoscha und die Tagebücher aus der Kinderzeit.

Das Ziel ist Berlin, wo viele russische Emigranten leben und wohin Serjoscha vorhat zu kommen. Nach vier anstrengenden Reisetagen erreichen Marina und ihre Tochter Alja am 15. Mai 1922, einem strahlenden Frühlingstag, die Stadt, in der sie in einer Pension am Prager Platz Unterkunft finden. Trotz der wachsenden Inflation hat man in Berlin immer noch den Eindruck von Glanz und Reichtum. Es gibt einige russische Zeitungen und eine Menge russische Lokale. Schnell stellt sich ein Hauch von Geborgenheit ein. Marina bevorzugt ein bestimmtes Café, die »Prager Diele«, wo sich Verleger und Schriftsteller treffen. Hier begegnet sie auch dem Dichter Andrej Bely, von dem sie in ihrer Jugend oft gehört hatte, den sie aber bis jetzt persönlich nicht kennt. Belys Ehe ist gerade gescheitert und Marina kann nun ihre besondere Fähigkeit unter Beweis stellen: Sie hilft Menschen, denen es schlecht geht, indem sie nichts von ihnen fordert, sondern sich einfach um sie kümmert. Bely wohnt ganz in der Nähe und übernachtet oft bei Marina und der inzwischen neunjährigen Tochter. Hier kann er sich ausruhen.

Eines Tages kommt die Nachricht von Serjoschas baldiger Ankunft in Berlin. Marina holt ihn ab, die Freude ist groß, aber bald stellt sich heraus, dass Marina sich während der fünfjährigen Trennung viel stärker verändert hat als ihr Mann. Serjoscha hat sein jungenhaftes, etwas kindliches Auftreten noch immer nicht abgelegt. Marina hingegen ist deutlich gealtert und es zeigen sich bereits einige frühe graue Strähnen in ihrem Haar. Man sieht ihr die Entbehrungen und Sorgen der letzten Jahre an. Sie hat aber nichts an Kraft und Emotionalität eingebüßt.

Serjoscha bleibt nur kurze Zeit in Berlin und geht dann nach Prag zurück, wo er Kunstgeschichte studiert. Die großzügige tschechische Regierung hat ihm, wie auch anderen russischen Studenten, ein Stipendium bewilligt.

In den zweieinhalb Monaten, die Marina nun schon in Berlin lebt, hat sie über 30 Gedichte geschrieben. Außerdem hat sie einen Essay über die Lyrik Boris Pasternaks vollendet, und das Glück will es, dass Pasternak ihre Gedichte in die Hände bekommt. Nun beginnt für beide ein höchst anregender Briefwechsel, für Marina der bedeutendste ihrer Exilzeit. Wie in Moskau leidet Marina auch jetzt wieder an ihrer Schüchternheit, die schon einmal eine Begegnung mit Pasternak verhindert hat. Damals hatte sie, wie nun auch wieder, Furcht, den Ansprüchen eines solch großen, berühmten Dichters nicht zu genügen. So bleiben ihr nur die Briefe und sie malt sich das Zusammentreffen in der Phantasie aus.

Serjoscha schwärmt Marina von Prag vor. Es soll eine märchenhaft schöne Stadt sein. Außerdem könne man dort auf mehr finanzielle Unterstützung hoffen und nicht zuletzt sei die Tschechoslowakei ein slawisches Land. Marina weiß, dass sie in Berlin immer am Rande des Existenzminimums leben wird, und deshalb willigt sie ein, zu ihrem Mann nach Prag zu kommen. In dem Dorf Horni Mokropsy bei Prag können sie dank der Unterstützung, die auch Marina von der Regierung erhält, einen Raum in einem Haus mieten, in dem noch sieben weitere Personen wohnen. Wie soll Marina hier Platz und Ruhe zum Arbeiten finden? Dauerndes Stimmengewirr, Geschirrgeklapper, Kindergeschrei statt Stille, damit muss sie leben und sie hat Mühe, nicht zusammenzubrechen. Einen gewissen Halt findet sie im Briefkontakt mit Pasternak, ein wenig Rausch- und Traumwelt inmitten bitterer Realität.

Doch Prag übertrifft alle Erwartungen, Serjoscha

hatte Recht: Der Zauber der »goldenen Stadt« überwältigt Marina. Unter ihren Prag gewidmeten Gedichten ragt eines hervor, das zeigt, welch innige Beziehung sie schon in dieser Anfangszeit entwickelt.

Prag

Die Zeit verknäult sich, Häuser schweben,
Trotz Türschild jedes ein Phantom!
Ich schreibe dir vom Hoheleben
In dieser Stadt am Lethestrom.

Schreib von der Stadt, die aus dem Schlafe,
Sich reckend, müde noch, erwacht,
Wo zwischen Schilfkraut und Opalen
Der Tag auf Brückenbögen lacht.[25]

Jetzt, wo Marina die lastenden Sorgen ein wenig losgeworden ist, sie Serjoscha wiedergefunden hat und finanziell eine Spur besser gestellt ist, wo sie ein wenig freier atmen kann, kann sie sich dem Reiz Prags hingeben und dessen Wirklichkeit im Gedicht beschwören.

Was den Briefwechsel mit Pasternak betrifft, so ist man immer wieder irritiert und beeindruckt zugleich, wie klar sie hinter dem Geschriebenen den Menschen wahrnimmt oder wahrzunehmen glaubt. Im Jahr 1917 hat sie in ihr Tagebuch geschrieben: »Nicht die Liebe ruft Herzklopfen in mir hervor, sondern das Herzklopfen die Liebe.«[26] Bei Marina bringt nicht die Beziehung das Schreiben in Gang, sondern das Schreiben schafft die Beziehung. Was Marina als Jugendliche bereits erkannt hat, dass nämlich ihre Einbildungskraft der Wirklichkeit immer ein Stück voraus ist, gilt noch immer. Trifft sie einen Menschen, der sie interessiert, so beginnt die Phantasie zu arbeiten. Bevor eine Beziehung sich entwickeln kann, hat Marina schon ihre Vorstellung davon, wie sie sein soll. »Die Feder aus der Hand ... Das Reich der Worte schon verlassen ... Ich werde mich jetzt hinlegen und an Sie denken. Zuerst mit offenen Augen, dann mit geschlossenen. Aus dem Reich der Worte – ins Reich der Träume.«[27]

In den Gedichten und in den Träumen finden für die Dichterin die wahren Begegnungen statt. Serjoscha aber ist kein Alexander Block, kein Boris Pasternak und keine Anna Achmatowa. Er ist kein großer Künstler, sondern eher »normal«, ein wenig ängstlich, nicht sehr tapfer, kränklich, anhänglich und eifersüchtig. Obwohl Marina spürt, wie schwierig und einseitig die Beziehung zu ihrem Ehemann ist, möchte sie doch in seiner Nähe sein. »Wenn man mir sagt: tu das und das, und du bist frei, und ich tue es nicht, so heißt das, daß ich die Freiheit nicht so sehr will, so heißt es, daß mir die Unfreiheit teuer ist. Und was ist unter Menschen eine Unfreiheit, die einem teuer ist? Liebe.«[28] Ganz stimmt es natürlich nicht, was Marina hier sagt.

Sie hat ja durchaus ihre Freiheit, geht Beziehungen ein, pflegt die Kontakte, die sie will. Serjoscha tut ihr Leid, sie hat Muttergefühle ihm gegenüber.

Nach weniger als einem halben Jahr hält es Marina in Horni Mokropsy nicht mehr aus. Sie braucht das Gespräch mit anderen Intellektuellen und so zieht die Familie um nach Prag. Dort lernt Marina Leute kennen, tschechische Literaten vor allem, bleibt aber Außenseiterin. Sie gibt sich betont unauffällig, was Kleidung und äußeres Auftreten betrifft, hat andererseits natürlich wie die anderen Prager Künstler auch nicht die Mittel, ein großzügiges Leben zu führen. Der einzige Luxus, den sie sich leistet, sind Kaffee und Zigaretten, die sie im Übermaß konsumiert. Sie wirkt zerbrechlich mit ihrer Wespentaille und dem mageren blassen Gesicht, dem nur noch die schönen grünen Augen die Faszination großer Lebendigkeit verleihen. Zwischen den Augenbrauen haben sich zwei tiefe Falten gebildet. In dem Gedicht »Lob der Reichen« drückt sie die Widersprüchlichkeit des Wohlstands aus.

Nachdem ich – vorab – bereits zugab
Daß mir zu dir eine Meile fehlt!
Daß ich was vom Lumpenpack hab
Daß ehrlich mein Platz auf der Welt:

Kam unter gigantische Räder
Ein Tisch mit Krüppeln, Gezeichneten ...
Demnach – so hört ihr mich krähen
Vom Kirchdach: ich liebe die Reichen!

Ihren Abschaum, faul und marode
– Von Kindheit an grindiger Brand –
Wie ihre verstörten Marotten:
Taschaus, taschein fährt die Hand.[29]

Bitterkeit spricht aus diesen Zeilen, gehörte Marina doch einst selbst zur privilegierten Schicht.

Stundenlang sitzt sie am Tisch, murmelt vor sich hin und probiert die Klangmöglichkeiten einzelner Worte aus, um dann ihre Verse mit großer Schnelligkeit niederzuschreiben. Für Serjoscha wird es immer schwieriger mit ihr. Er findet keinen Zugang zum Innern seiner Frau. Er möchte gern ein unkompliziertes Leben führen und kritisiert Marinas Introvertiertheit. Ständig ist sie mit sich beschäftigt, eine undurchdringliche Sphinx, die seine Anwesenheit kaum zu bemerken scheint.

Ende 1923 lernt sie Konstantin Rodzewitsch kennen, einen Emigranten mit etwas zweifelhaftem Charakter. Ursprünglich bei der Roten Armee beschäftigt, war er von der Weißen Armee gefangen genommen und zum Tode verurteilt worden und hatte sich kurzerhand mit den Weißen verbündet. Nun lebt er wie Marina in der Emigration. Rodzewitsch ist ein Frauenheld ohne literarische Ambitionen. Er liebt die Frauen und das Vergnügen, das sie ihm bereiten. So ist es zwangsläufig, dass er Marinas Stilisierung seiner Person zu einem seelenvollen Menschen nicht erträgt. »Ich konnte die Anspannung nicht ertragen. Ich konnte der Heldenfigur nicht gerecht werden, zu der sie mich machte. Ich konnte dem Mythos nicht entsprechen.«[30]

Marina dichtet dem Geliebten eine Seelengröße an, die er nicht hat. Die Affäre dauert nur kurze Zeit. Als Rodzewitsch sich von ihr trennt, beichtet sie Serjoscha ihre Untreue und hofft auf sein Verständnis. Serjoscha aber denkt an Trennung und zieht aus in ein Dorf außerhalb Prags. Marina ist verzweifelt, weil sie wie immer glaubt, ohne Serjoscha nicht leben zu können. Sie braucht beides, die Liebe als beruhigende, Ordnung schaffende Stütze für ihre Arbeit und die Liebe als leidenschaftlich sprudelnde Quelle der Inspiration – zwei Varianten eines Gefühls.

Ihr »Poem vom Ende« schreibt sie in der Erinnerung an die Beziehung zu Rodzewitsch. Darin macht sie den Geliebten zum Retter, den sie verehrt, an dem sie festhält, der sie trägt:

Die letzte Brücke
(Ich halt mich weiter fest!)
Die letzte Brücke
Das letzte Brückenbrett.

Du letzte Kraft
Der Liebhaber ohne Hoffnung:
Du Leidenschaft
Du beständige Kopplung[31]

Zur gleichen Zeit wird Marina wieder von Serjoscha schwanger. Der heiß herbeigesehnte Sohn Georgi wird am 1. Februar 1925 geboren.

Serjoscha lässt die Familie allein und reist nach Paris, weil er überzeugt ist, dort eher Arbeit zu finden als in Prag. Marina setzt Bittbriefe an Freunde auf, denn ihr fehlt das Nötigste an warmer Kleidung. Bei Serjoscha stellt sich ein neuer Tuberkuloseschub ein und sie stimmt einer Übersiedlung nach Paris zu. Es fällt Marina schwer, aus Prag wegzugehen. Sie liebt diese Stadt, sie hat in ihr viele Gedichte geschrieben und leidenschaftlich gelebt. Die Metropole Paris mit ihrer Hektik und dem Lärm erschreckt sie. Einziger Trost in all dem Elend ist die abgöttische Liebe zu ihrem Sohn Georgi, den Marina der Tochter ungerechterweise vorzieht. Im Juli 1925 schreibt sie an Boris Pasternak: »Seit acht Jahren schmore ich im Alltag, ich bin jener Ziegenbock, den man unablässig schlachtet und nicht abschlachtet, bin selbst der Fraß, der unaufhörlich auf meinem Primuskocher schmort.«[32]

Mit Sohn und Tochter findet sie zunächst in Paris Unterschlupf bei einer Nachbarin aus der Prager Zeit, Madame Tschernowa. Die Wohnung liegt in einem

Arbeiterviertel und ist sehr klein. Serjoscha zieht auch zu ihnen und nun wohnen sie zu viert in einem Raum und Marina hat immer nur wenige Augenblicke Zeit zum Schreiben. Doch sie schafft es, selbst neben dem Breikochen zu dichten. Anders als in Prag genießt sie in Paris sehr schnell hohes Ansehen als Dichterin der Emigration. Sie wird zu Lesungen eingeladen und findet riesigen Beifall. Auf das Finanzielle wirkt sich das leider nicht aus. Zum Glück findet sie nach einer Weile eine günstige Wohnung im Pariser Vorort Meudon.

Pasternak vermittelt ihr den Briefkontakt mit dem schon lange verehrten Rainer Maria Rilke. Rilke ist zwar ein Mensch, der das Pathos nicht scheut, aber gleichzeitig hält ihn seine Schüchternheit davor zurück, sich zu eng mit anderen Menschen zu verbinden. Eine scheue Diskretion im Umgang ist ihm zu Eigen, mit der Marina nichts anfangen kann und die sie heftig kritisiert. Wegen Rilkes Tod wird die Beziehung, die abermals bloß eine schriftliche war, nur sechs Monate nach ihrem Anfang abrupt beendet.

Durch die anstrengenden äußeren Bedingungen und die ständige Suche nach erfüllten Beziehungen ist Marina im Lauf der Zeit bitter geworden. Sie unterscheidet jetzt noch deutlicher für sich zwischen »dieser Welt« des Alltags und der Mühsal und »jener Welt« der Träume und des Lichts.

Serjoscha verdient kein Geld. Plötzlich hat er den Einfall, sich als Kameramann ausbilden zu lassen. Wieder so eine Idee, die keine Aussicht auf Erfolg hat.

Im Winter 1927 erkranken alle außer Serjoscha heftig an Scharlach. Die Krankheit will nicht weichen und erst im Frühjahr 1928 geht es langsam aufwärts. Es ist typisch, dass Marina sich danach wieder in eine neue Liebesaffäre stürzt. Der Auserwählte heißt Nikolai Gronski und ist erst 18 Jahre alt. Marina hat Glück, sie kann Gronski, den sie wegen seiner großen Sensibilität für die Lyrik liebt, in Meudon häufig treffen, weil eine Verwandte aus Russland auf Besuch ist und im Haushalt hilft.

Im Sommer dann macht Marina zum ersten Mal richtig Ferien und fährt mit ihrer Familie an die Atlantikküste, wo sie viele Exilrussen trifft. Gronski kann nicht kommen, er hat Verpflichtungen gegenüber der Familie wahrzunehmen, was Marina nicht versteht. Sie will ihn nicht teilen müssen. Die Beziehung zerbricht. »Ich schäme mich immer, mehr zu geben, als mein Gegenüber braucht (d.h. mehr, als er verkraften kann).«[33]

Marina stößt in all ihren Liebesbeziehungen an eine Grenze, nämlich da, wo der andere Mensch auf sich selbst beharrt und sich nicht nach ihrem Bild umformen lassen will. Das hat sich jetzt bei Gronski wieder gezeigt und war auch im Fall von Rodzewitsch und dem Schauspieler Wolodja der Hauptgrund für den

Bruch. Marina lässt nicht ab von ihrer Suche, die manchmal fast einem Wahn gleicht.

Ihrem Mann gegenüber ist Marina seltsam blauäugig. Sie kann es nicht glauben, dass er sich den Bolschewiken angeschlossen haben soll. Aber Serjoscha war schon immer so, dass er nach Idealen Ausschau hielt, denen er sich vorbehaltlos widmen konnte. Nun ist es also der Kommunismus. Geld verdient er überhaupt nicht mehr und gesundheitlich ist er so geschwächt, dass er in ein Sanatorium sollte. Marinas Einkünfte aus den wenigen Veröffentlichungen sind minimal: eine schier ausweglose Lage. Sie arbeitet und sitzt am Schreibtisch bis zur Erschöpfung. Ihre Gedichte sind das Einzige, was ihr wirklich gelingt, sie sind ihr ganzes Kapital. Dazu braucht sie nur einen Stift, Papier und einen Tisch.

Mein Schreibtisch, mein Schraubstock, dir dank ich
Du zwangst mich und zwangst, und entsprang ich,
Da sprangst du mit rascheren Sprüngen
Mir nach wie ein Pascha, zu zwingen

Die flüchtige Sklavin – zurück!
Du rissest mit Magierblick
Mich aus der verführenden Chance
Wie aus somnambulischer Trance.

Die Purpurspur meiner Blessuren
Gerann auf dir, Tisch, zu den Suren
Des Ichs, zum Koran
Des Seins: meins – in Taten und Plan.[34]

Das einzige Geld, das einigermaßen regelmäßig eintrifft, ist ein Stipendium vom tschechischen Staat. Was Marina schreibt, lässt sich aber zurzeit nicht verkaufen. Keiner will ihre Gedichte. Die anfängliche Begeisterungswelle für die Dichterin im Exil hat sich bei den Parisern gelegt, Marina ist einsam geworden, bekommt fast nie Besuch. Serjoscha muss für acht Monate ins Sanatorium, was zum Glück vom Roten Kreuz bezahlt wird, aber zurückgekommen, findet er wie immer keine Arbeit. Im März 1931 müssen sie in eine viel kleinere Wohnung umziehen. Marina schläft in der Küche.

1935 findet in Paris ein Kongress statt, der von den Kommunisten gefördert wird. Boris Pasternak erscheint als Delegierter der Sowjetunion. Er ist krank und wirkt sehr niedergeschlagen, weil er an den Unterdrückungsmaßnahmen und Säuberungswellen in seiner Heimat leidet. Man weiß nie, wann man verhaftet wird, denn plausible Gründe dafür gibt es zumeist keine. Er trifft sich zwar ein paar Mal mit Marina, scheint aber wie abwesend und apathisch. Marina kann sich nicht vorstellen, was er im Russland Stalins durchmacht, politisch naiv, wie sie ist, ahnt sie nichts von dem Druck, unter dem ihr Freund steht. Man kann Pasternak vielleicht vorwerfen, dass er Marina nicht davor warnt, in die Sowjetunion zurückzukehren. Ihr Heimweh ist nämlich groß und es spuken Rückkehrgedanken in ihrem Kopf herum. Serjoscha und Alja sind inzwischen überzeugte Kommunisten. Marina kann deren Begeisterung nicht teilen, erkennt aber auch Pasternaks Angst nicht. Es bleibt ihr unverständlich, dass der Dichter auf seiner Rückfahrt nach Russland, die ihn durch Deutschland führt, nicht bei seiner Mutter Halt macht, nachdem er sie zwölf Jahre nicht gesehen hat. Er aber hat einfach Angst vor Strafe, wenn er nach Russland zurückkehrt, und noch größere Angst, nicht mehr hineingelassen zu werden. Er hat seine Aufenthaltsgenehmigung für Paris erhalten und es war ihm nicht erlaubt worden, auf dem Heimweg nach Russland in Deutschland Station zu machen. Vorschriften nicht genau einzuhalten kann bedeuten, hart in die Zange genommen zu werden. Seine Frau hatte Pasternak gar nicht erst mitnehmen dürfen.

Serjoscha und Alja ziehen sich immer stärker in ihre politische Arbeit zurück. Marina hat keinen Anteil daran und dadurch isoliert sie sich noch weiter von ihrer Familie. Sie widmet die meiste Zeit ihrer Arbeit. 1936 hat sie endlich Gelegenheit zu einer Lesereise nach Belgien, die ihr Geld einbringen wird. Zur gleichen Zeit übersetzt sie Puschkin und schreibt einen

Essay über diesen großen russischen Dichter. Während Serjoscha und Alja sich um ein Visum bemühen und ihre Ausreise in die Sowjetunion vorbereiten, schreibt Marina über die Elementargewalt der Verse, die sie bei Puschkin als junges Mädchen zum ersten Mal gespürt hat und die sie seither erlebt »als jene einzige Elementargewalt, von der es keinen Abschied gibt, niemals«[35].

Serjoscha bleibt zunächst noch, Alja reist nach Russland, was mit einer Fröhlichkeit geschieht, die Marina erschreckt. In der ersten Zeit kommen zuversichtliche Briefe. Aber Marina wird nun doch allmählich stärker in die Politik hineingezogen, als sie es will. Sie erfährt, dass ihr Mann für den sowjetischen Spionagedienst arbeitet und dass er dafür bezahlt wird. Unter anderem hat er die Aufgabe, Leute zu beschatten, die unter dem Verdacht des Landesverrats stehen. Einer von diesen Verdächtigen, Ignaz Reiss, wird ermordet aufgefunden, und für die Emigrantenszene ist klar, dass Serjoscha etwas mit der Ermordung zu tun haben muss. Plötzlich ist der zarte, kränkliche, unauffällige Mann zum Mitspieler in einem Politkrimi brutalen Ausmaßes geworden. Als die französische Presse sich des Falles annimmt, wird Marina als Serjoschas Frau mit hineingezogen und im Kreis der Emigranten diskriminiert und isoliert. Serjoscha muss Paris verlassen und kehrt in die Heimat zurück.

Mehr noch als über das Schicksal ihres Mannes ist

die Dichterin jedoch beunruhigt über die Besetzung der Tschechoslowakei durch die Deutschen im Mai 1938. Das Land, in dem sie sich am glücklichsten fühlte, liegt ihr so sehr am Herzen, dass sie zum ersten Mal wirklich anfängt, die Bedeutung von Politik zu erkennen. Plötzlich öffnen sich Augen und Ohren dafür und ihre Gedichte verschließen sich den gesellschaftlichen Problemen nicht mehr.

> *Ich weigre mich zu leben*
> *Im Tollhaus, unter Vieh.*
> *Ich weigre mich, ich heule*
> *Mit den Wölfen nie.*
>
> *Ich weigre mich zu schwimmen*
> *Am Kai des Lands, stromab*
> *Den Strom gebeugter Rücken –*
> *Ich weigre mich, lehn ab.*[36]

Wie aber hat man sich Marinas Weigerung vorzustellen? Tut Marina etwas, engagiert sie sich in der Politik?

Nein, die Gedichte sind ihre Form des Protestes, die einzige Form. Marina entscheidet sich im Mai 1939, in die Sowjetunion zurückzukehren. Sie ist niedergeschlagen. Ihren dunklen Ahnungen von dem, was sie erwartet, zum Trotz flüchtet sie sich in Erinnerungen an die Landschaft ihrer Kindheit, als könnte man die Zeit wiederholen. Sie ahnt, dass die Wirklichkeit anders ist, geht das Wagnis aber dennoch ein.

Marina und ihr Sohn Georgi, den sie Mur nennt, kommen am 18. Juni 1939 in Moskau an. Sie können bei Serjoscha und Alja in einem kleinen nahe gelegenen Dorf mit Namen Bolschewo unterkommen. »Ich lebe ohne Papier, zeige mich keinem. Katzen. Mein liebster, unzärtlicher Jüngling ist ein Kater. Meine Einsamkeit. Spülwasser und Tränen. Der Oberton – der Unterton von allem ist – Grauen. Sie versprechen uns eine Trennwand – die Tage vergehen, sie versprechen Mur die Schule – die Tage vergehen. S.s Krankheit. Seine Furcht vor dem Herzen. Auszüge aus seinem Leben ohne mich – ich schaffe es nicht, zuzuhören: alle Hände voll zu tun, höre ich zu und bin auf dem Sprung. In den Keller – 100mal am Tag. Wann – schreiben?«[37]

Marina fühlt sich einsamer denn je, ausgelaugt, abgekämpft. Ihre Tage gehen mit Hausarbeit dahin, das ist gemeint, wenn sie sagt, sie lebe »ohne Papier«. Alja und Serjoscha werden plötzlich verhaftet, wie es jedem ergehen kann in der Sowjetunion dieser Zeit. Was Boris Pasternak schon lange bedrückt, erlebt Marina nun selbst mit. Allerhand zwielichtige Motive für eine Verhaftung gibt es immer, ob diese einsichtig oder nachprüfbar sind, danach fragt man einfach nicht. Und die Freunde? Pasternak verhält sich nicht so, wie Marina es bräuchte. Er ist sehr zurückhaltend und wird sich später große Vorwürfe machen, sich nicht genug um Marina gekümmert zu haben. Aber ganz untätig bleibt er nicht. Er verschafft der Freundin eine Stelle bei einem Redakteur, und sie kann gegen Lohn georgische, jiddische und französische Dichter übersetzen, was ihre einzige Geldquelle ist. Nun muss noch eine Unterkunft gefunden werden, denn nach Serjoschas und Aljas Verhaftung halten es Marina und Mur in der Wohnung nicht mehr aus. Schließlich können sie in ein kleines Zimmer in Moskau einziehen, ohne Elektrizität, ohne Petroleumlampe. Für alles hat Marina selbst zu sorgen. Wasser gibt es auf dem Hof aus einem Brunnen, der erst vom Eis befreit werden muss. Die Hausbesitzerin weigert sich, den Ofen zu heizen. Unter solch unerträglichen Zuständen muss Marina leben. »Seit einem Jahr erwäge ich den Tod. Alles ist häßlich und furchteinflößend. Du schluckst – scheußlich; du springst – Feindseligkeit. Ich will nicht sterben. Ich will nicht existieren. Unsinn. Solange man mich braucht … aber Gott weiß, wie klein ich bin, wie wenig ich zu tun vermag! Zu Ende leben, zu Ende kauen. Den bitteren Wermut!«[38]

Ein kleiner Lichtblick tut sich auf, als Marina 1940 Anna Achmatowa treffen kann. Marina ist wie ausgewechselt, sprüht nur so vor Temperament und erzählt der viel ruhigeren, streng wirkenden Achmatowa von ihrer Arbeit, von ihrem Leben. Aber der Schein trügt. Die ehemals so leuchtende Flamme Marinas entzündet sich nur noch in seltenen Augenblicken auf solch ursprüngliche Weise. Danach sinkt die Dichterin nur umso tiefer in ihr Elend zurück.

Genug! Auch dieses Feuer sei erfahren –
Bin alt!
Die Liebe übertrifft mich nur an Jahren!
Ein Berg aus fünfzig Januaren
Geballt!
Die Liebe übertrifft mich weit an Jahren!
Bevor der Farn wuchs, sich die Schlange wand,
Der Bernstein glänzte im Lyoner Land,
War Liebe alt: wie Geisterschiff und Sklavenjoch,
Wie die Gebirge und die Meere …
Doch älter als die Liebe noch
Ist dieser Schmerz, ist diese Schwere.[39]

An die Stelle der Liebe ist der Schmerz gerückt. Das Leid der Menschen scheint ihr älter als alles andere. Marina kann nirgends mehr frei atmen, sie fühlt sich ungerecht behandelt, auch von Moskau, dieser Stadt, der sie mit ihren Gedichten so viel geschenkt hat. Nun findet sie nicht einmal einen angemessenen Platz zum Wohnen. Auf andere Menschen wirkt sie unnahbar, entrückt, sehr traurig. Ganz selten noch liest sie in einer Privatwohnung aus den Gedichten. Sie liest mit einer leisen Stimme, und sie ist nun wirklich nur noch der Schatten der Dichterin, die sie einmal war.

Sie befindet sich in ständiger Angst vor Obdachlosigkeit, zieht von einer Bruchbude in die nächste. Die Einsamkeit ist eine selbst gewählte. Marina will niemanden sehen. Von ihrem Mann und Alja hört sie nichts. Die Stadt, in der sie wohnt, ist ein Ort klirrender Stille, gedämpfter, angsterfüllter Stimmen hinter vorgehaltener Hand. Marina versucht weiterzuschreiben, aber das geht nicht mehr, ein Zeichen dafür, dass sie langsam aufgibt. »Man kann schreiben ohne Unterbrechung, ohne den Rücken grade zu machen, und im Laufe eines ganzen Tages kommt nichts heraus. Man kann nicht schreiben, sich nicht mal an den Tisch setzen – und auf einmal ist der ganze Vierzeiler fertig, während man gerade das letzte Hemd bei der Wäsche auswringt oder fieberhaft in der Tasche nach genau 50 Kopeken wühlt und dabei denkt: 20 und 20 und 10 u.s.w.«[40]

Endlich erfährt Marina, dass Serjoscha und Alja zwar im Gefängnis, aber noch am Leben sind. Sie ist überglücklich, aber allein die Tatsache, in irgendeiner Beziehung zu Verhafteten zu stehen, genügt, mit Argusaugen beobachtet und schikaniert zu werden. Man stellt ihr Telefon ab und verdächtigt sie der Spionage, weil sie Deutsch und Französisch spricht. Als die Deutschen am 22. Juni 1941 in Russland einmarschieren, wird ihr vorgeworfen, auf die Ankunft der Deutschen gehofft zu haben. Marina lässt sich freiwillig nach Jelabuga in der Tatarischen Autonomen Sowjetrepublik evakuieren. Sie wohnt mit Mur bei Bauern, denen sie ein wenig unheimlich vorkommt. Marina wirkt fahrig. Mit der dunklen Schürze, dem gehäkelten Käppchen und dem erschöpft wirkenden Gesicht irritiert sie die Leute. Ihre Gestalt hat etwas Hexenähnliches bekommen. Ihren Sohn beäugt Marina fast feindselig. Mit seinen 17 Jahren lebt er abgesondert von Gleichaltrigen und gibt für diese Vereinsamung seiner Mutter die Schuld.

Am 31. August 1941 sind fast alle Einwohner des Ortes aufgerufen, sich an einem freiwilligen Arbeitseinsatz zu beteiligen. Jeder soll dafür einen Laib Brot erhalten. Auch Mur geht hin, nur Marina bleibt zu Hause. Allein mit sich wird ihr das Bedrückende ihres Alltags doppelt bewusst. Die Gegenwart erscheint ihr öde und die Zukunft ragt als dunkler, unüberwindlicher Berg in ihr Leben. Kein Licht fällt herein, und selbst die Phantasie hat nicht mehr die Kraft, die Leere mit Bildern zu füllen. Marinas Brust zieht sich bei jedem Atemzug schmerzhaft zusammen.

Das Ende dieses Dichterinnenlebens ist schrecklich. Als Mur von der Arbeit zurückkehrt, muss er entdecken, dass Marina sich erhängt hat. Ein Jahr zuvor hat sie über sich selbst geschrieben: »Über mich selbst. Alle halten mich für tapfer und männlich. Ich kenne keinen furchtsameren Menschen als mich. Ich habe Angst vor allem: vor Augen, vor der Dunkelheit, vor Schritten und am allermeisten vor mir selbst, meinem Kopf.«⁴¹ Marina Zwetajewas Anspruch an andere und an sich selbst war gewaltig. Zu leben hatte sie in einer Zeit extremer Unfreiheit und Gewaltherrschaft. Sie brachte es nicht fertig, ihrem Land für immer den Rücken zu kehren, wie sie es auch nicht fertig brachte, sich von Serjoscha zu trennen. Voller Widersprüche war dieses Leben. In den Gedichten hat sie all das ausgedrückt und den Traum von einem anderen Leben entworfen.

Die berühmteste Unbekannte ihrer Zeit
Djuna Barnes (1892–1982)

Seit 1951 wohnt Djuna Barnes sehr zurückgezogen in New York und empfängt nur noch selten Menschen. Wenn sie spazieren geht, trägt sie eine blaue Skimütze, ihr Blick ist immer noch wach und scharf beobachtend, aber von den Mundwinkeln ziehen sich tiefe Falten nach unten. 1970 macht sich ein Professor auf den Weg zu ihr, weil er über sie schreiben möchte. Nachdem er lange geklingelt hat, öffnet ihm eine Frau im Nachthemd, die ihn eingehend mustert, bevor sie ihn einlässt. Es ist drei Uhr nachmittags. Sie beginnen ein Gespräch, in dem Djuna Barnes die Themen bestimmt. Sie hält nicht hinterm Berg mit ihrer Meinung. Schließlich holt sie ein Glas Wasser, löst ein Aspirin darin auf und reicht es dem Professor mit den Worten: »Man hat mir gesagt, dass ich jedem, der mit mir spricht, Kopfschmerzen verursache.«[1] Der Besucher hat tatsächlich Kopfweh. Erstaunt über die Hellsicht der alten Dame erklärt er seinen eigenen Zustand damit, dass sie so »intensiv« sei.

Djuna Barnes verbringt ihre Kindheit auf dem Lande. Cornwall-on-Hudson heißt der kleine Ort, wo sie am 12. Juni 1892 geboren wird. Die Stadt New York liegt nicht weit entfernt, aber davon merkt man hier im Dorf fast nichts. Die Natur scheint sich der Bändigung durch den Menschen mit Erfolg widersetzt zu haben. Djunas Familie passt ganz gut in diese Landschaft. Bei den Vorfahren des Vaters, Wald Barnes, sind Männer vom Typ des Naturburschen vorherrschend: Seefahrer und Walfänger, aber daneben vereinzelt auch Lehrer und Schriftsteller. Wald Barnes ist nicht der richtige Name von Djunas Vater. Er heißt eigentlich Henry Budington, legte diesen Namen aber ab, um sich von seinem Vater zu distanzieren. Die finanzielle Situation ist unsicher, weil Wald Barnes sich zunächst erfolglos als Maler und Musiker versucht, ausgiebige Reisen nach Europa unternimmt und sich in der Rolle des großen Frauenhelden gefällt. Seine Frau, Elizabeth Chapell-Barnes, eine Engländerin, akzeptiert die Ausschweifungen ihres Mannes und organisiert das sparsame Leben der Familie auf der Farm. Eine große Hilfe in diesem Chaos ist die Großmutter väterlicherseits, eine Journalistin. Zadel Barnes schießt immer wieder Geld zu und führt ihre Enkelin in die Welt der Kunst und Literatur ein, da Djuna keinerlei Schulbildung erfährt. So hat das Mädchen zur Großmutter das beste Verhältnis. Sie sprechen viel miteinander und schreiben sich sehr offene Briefe.

Als Djuna 17 ist, trennen sich die Eltern. Der Vater heiratet wieder und Djuna geht nach New York, um Kunst zu studieren. Von dort schreibt sie vertrauliche

Briefe an die Großmutter, unter anderem über ein sehr kompliziertes Liebesverhältnis. Zadel antwortet: »Sag ihm, daß du dich weder für eine Verlobung noch für eine Ehe reif fühlst (er darf deine Ansichten zu Ehe und Sex nicht erfahren, sie würden ganz sicherlich zum allgemeinen Klatsch werden!), daß du in jeder Hinsicht noch mehr über das Leben erfahren möchtest, ehe du dich auf eine solche ernsthafte Beziehung mit irgend jemand einläßt. Alles dies sollte – mit gleicher Wirkung – gesagt, nicht geschrieben werden.«[2] Die kluge abwägende Zadel will ihrer Enkelin helfen, Gelassenheit zu bewahren in dieser offensichtlich verzwickten Geschichte. Ob sie ahnt, dass Djuna ein aufbrausendes Temperament an den Tag legen kann und manchmal zu überstürzten Reaktionen neigt? Das Thema Liebe und Sexualität wird zwischen den beiden diskutiert. Zwar geht Zadel in ihrem Brief nicht näher auf Djunas Meinung zu diesem Thema ein, aber die junge Frau scheint der gängigen Norm, nach der beides unauflöslich mit der Ehe verbunden sein muss, zu widersprechen.

Die Briefe der Eltern sind viel harmloser und betreffen in der Hauptsache Alltagsdinge. Der Vater erteilt der Tochter ab und zu Ratschläge für ein gesundes Leben. Persönliche Lebensfragen Djunas werden aber nicht erörtert.

New York ist eine stete Herausforderung für die junge Frau: einerseits seelenloses Warenmonster, andererseits Sammelbecken für Außenseiter verschiedenster Prägung, Drogensüchtige, Künstler, Extravagante. Als sie 1912 in den Stadtteil Greenwich Village zieht, findet sie sich inmitten einer aufregenden Welt, und sie beginnt damit, die Darsteller auf dieser Bühne aus Lebenslust und Melancholie zu porträtieren, mit dem Zeichenstift und mit Worten. Dabei geht sie sehr kritisch mit sich selbst um, wohl wissend, wie schwierig es ist, genau zu sein in der Schilderung. »Wenn man genötigt ist, die Wahrheit über einen Ort zu sagen, dann geht dieser Ort sofort in Abwehrstellung, Örtlichkeiten und Stimmungen sollten in Ruhe gelassen werden. Wieviele Restaurants gibt es nicht, die durch ein oder zwei Zeilen in einer Zeitung verdorben worden sind? Wir befinden uns in derselben Gefahr. Was wir dagegen tun können? Nichts. Das Malheur ist bereits passiert, stellen wir fest, und der Schmetterlingsflügel zerfällt bereits zu Staub.«[3] Auch Djuna selbst scheint solch ein »Ort« zu sein, dem man sich vorsichtig zu nähern hat, sonst verschwindet sie plötzlich. Die groß gewachsene Gestalt mit den markanten Gesichtszügen, dem kastanienbraunen Haar und dem vieldeutigen Lächeln in den Augen und um den Mund fordert zur näheren Betrachtung heraus. Doch sobald man die Frage stellt, wer sich hinter diesem interessanten Äußeren verbirgt, weicht Djuna Barnes aus, zieht sich zurück.

Sie schreibt und zeichnet für verschiedene Zeitungen, unter anderem für das von Margaret Anderson und Jane Heap herausgegebene Magazin »The Little Review«. Margaret sagt später über Djuna: »Djuna war nie bereit zu reden … Sie sagte, das sei so, weil sie, was sie selbst betraf, zurückhaltend sei.«[4] Dabei ist auch Margaret angetan von »ihrem beißenden Witz, ihrer eleganten Stimme, dem scharfen Triller ihres Lachens«[5].

Djuna arbeitet zu dieser Zeit an Gedichten, die 1915 unter dem Titel »The Repulsive Women« (»Die abstoßenden Frauen«) erscheinen. Die Hauptpersonen sind Frauen, die von der Gesellschaft verachtet werden, weil sie dem herrschenden Bild von Normalität nicht entsprechen: Varieté-Sängerinnen, Tänzerinnen, Alkoholikerinnen, Lesben. Sie drückt sich sehr verschlüsselt aus, und das ist wahrscheinlich der Grund, wieso die vom Staat eingesetzten Wächter über Moral und Ordnung mit ihrer Zensur nicht eingreifen. Offenbar verstehen sie nicht so richtig, was oder wer gemeint ist.

Eines Tages unter einem harten
Kapriziösen Stern
Der sein Licht verbreitet etwas
Allzufern
Werden wir dich erkennen als die Frau
Die du bist.[6]

Wer die Frau ist, erfahren wir nicht. Es ist eine von vielen, die durch die Stadt gehen, Außenseiterinnen, die auch abseits der breiten Straßen ihre Würde und ihr Selbst nicht verlieren. Im Grunde ist es sogar so, dass gerade diese Personen sich etwas bewahrt haben, das die »Normalbürger« im Lauf ihrer Anpassung an gesellschaftliche Normen abgelegt haben: Natürlichkeit, unverfälschte Lebendigkeit, Wahrhaftigkeit.

Djuna Barnes verarbeitet in den Gedichten, was sie in New York beobachtet. Es geht ihr dabei nicht um die Reichen und Mächtigen, sondern um die, die mehr tot als lebendig in irgendeinem Loch hausen, ohne Perspektive.

In einem Interview mit dem Kleinverleger Guido Bruno, der ihr erstes Buch verlegt, antwortet Djuna auf den Vorwurf des Morbiden in ihrer Kunst: »Morbide? … Da kann ich nur lachen. Dies Leben, das ich schreibe und zeichne und porträtiere, ist das Leben wie es ist, und folglich nennen Sie es morbide. Sehen Sie sich das Leben um mich herum doch an! Wo ist die Schönheit, die bei mir angeblich fehlt? Wo sind die hübschen Episoden, die andere schildern? Ich meine das Leben von Menschen, denen man die Masken weggenommen hat. Was hat das denn für einen Sinn? Heute leben wir, morgen sind wir tot. Wir sind geboren worden und wissen nicht, warum. Wir leben und leiden und plagen uns, neidvoll und beneidet. Wir lieben, wir hassen, wir bewundern, wir verachten … warum? Wir sterben und niemand wird je wissen, daß wir überhaupt geboren wurden.«[7]

Schon zu Beginn ihres Dichterinnenlebens zeichnet sich Djuna durch beißende Kritik und einen unerbittlichen Willen zur Wahrhaftigkeit aus. Kein Schein, keine Lügen, nichts beschönigen! Mit wachen Augen alles registrieren und so, wie es sich zeigt, beschreiben, immer dem Leben am Rande des Abgrunds auf der Spur. So sieht man sie in den Straßen von Greenwich Village, ganz schwarz gekleidet mit kleinen weißen Tupfern dazwischen, zumeist in Cape und dreieckigem Hut und oft mit einer Schar grölender dreckiger Jungen im Gefolge. Was die anderen von ihr halten, ist Djuna egal, sie hat die letzten Reste dörflicher Schüchternheit und Scheu abgelegt, obwohl sie trotz ihrer Freude an auffallender Kleidung eine distanzierte Kühle ausstrahlt.

In der Lyrikerin Edna St. Vincent Milly hat sie eine Freundin gefunden. Während Djuna immer auf Abstand bedacht bleibt, genießt Edna die Verehrung, die ihrer Begabung und vor allem ihrem zauberhaften Äußeren entgegengebracht wird. Jeder kennt sie und ihre unzähligen Affären. Djuna bewundert diese Leichtlebigkeit, weiß aber, dass sie anders geartet ist, dickeres Blut hat und Beziehungen ernster nimmt. Künstlerisch haben beide zu dieser Zeit eine gemeinsame Vorliebe: Sie schreiben gern kleine Theaterstücke. Djuna entdeckt ihre Vorliebe für Zehn-Minuten-

Stücke, die jedoch nicht unbedingt zu ihren Meisterwerken zählen.

Ebenfalls eine enge freundschaftliche Beziehung hat Djuna zu der Dichterin Mina Loy, einer hochintelligenten, gertenschlanken Schönheit mit langem, glänzend schwarzem Haar. Die beiden führen nächtelange Gespräche über alles, was sie gerade interessiert: Kunst, Gesellschaft, Liebe und Sexualität und die Rolle der Frau. Sie gehen tagsüber durch die Straßen, Mina ganz in Beige gekleidet, Djuna in Schwarz, ein besonders faszinierendes Bild selbst für Greenwich Village, das die gesamte weibliche Intelligenz und extravagante Schönheit New Yorks für sich gepachtet zu haben scheint.

1916 heiratet Djuna ganz gegen ihr bisheriges Unabhängigkeitsstreben den Theaterkritiker und Schriftsteller Courtnay Lemon, dessen umfassende Bildung es ihr angetan hat. Sie zeigt sich begeistert, aber auch ein wenig erschrocken von so viel Wissen. Lemon möchte eine Philosophie der Literaturkritik schreiben. Er arbeitet bereits seit sieben Jahren daran, und Djuna schließt mit Recht daraus, dass es ein Werk für die Ewigkeit ist. Lemon trinkt viel, vor allem Gin, neigt zu Jähzorn, ist aber ansonsten, wie es heißt, ein »netter Kerl«. Die Ehe hält nur drei Jahre, obwohl beide die gleichen Interessen haben. Entscheidend für Djunas Abkehr von ihrem Mann ist seine Untreue, die die ansonsten so freie, unkonventionelle Djuna nicht erträgt, vielleicht aber auch sein Hang zu cholerischen Ausbrüchen.

Nach der Trennung von Lemon stürzt sie sich, ganz gegen ihre eigentliche »ernsthafte« Neigung, in ein paar flüchtige Liebesabenteuer. Wieso sie das tut? Von ihr bekommt man darauf keine Antwort. Man muss sich ihr von außen nähern, so wie sie ihre Figuren ebenfalls von außen her, von den Rändern erschafft und nicht in ihrem Innern wühlt, um irgendwelche Geheimnisse ans Tageslicht zu zerren. Von außen, das bedeutet für die Suche nach einer Antwort zu Djunas Verhalten: über die Figuren, die sie in ihren Texten auswählt und porträtiert. Djuna ist eine große Künstlerin der vieldeutigen Anspielungen. Sie nimmt in den Menschen Sensibilität, Widersprüche, Wünsche und Sehnsüchte wahr, aber die Ausdrucksweise in ihrer künstlerischen Arbeit ist nie direkt. Ihre Personen sind nicht so, dass man sich in ihnen einfach wiedererkennen könnte. So wie die Figuren entzieht auch sie sich, bleibt fremd, eine anziehende, prickelnde Fremdheit, hinter der man die abgründige Emotionalität dieser Frau ahnen kann. Je mehr sie sich zurückhält, desto stärker fordert sie zur Entdeckungsreise in ihre Gefühls- und Erkenntniswelt auf.

Antiquität

Eine Dame in einer Spitzenhaube
Mit straff gebundenen Bändern und stummen Augen.
Und feinen Lippen, schön gezeichnet,
Und seltsam weise.

Eine Gemme, eine Spitzenkrause
Ein eckiger Ausschnitt mit umgelegtem Kragen.
Eine schmale griechische Nase, und nah am Gesicht
Ein glänzender Zopf.

Tief seitlich fallend, bernsteinfarben,
Die blassen Ohren gefangen in einer Schlinge.
Ein Profil wie ein Dolch umrahmt
Vom Haar.[8]

Es ist auch hier wieder nicht auszumachen, wen Djuna porträtiert, ob sie sich auf ein altes Bild bezieht, eine Freundin oder ob sie den Blick auf sich selbst wirft, vielleicht auch eine Mischung aus all dem geschaffen hat. Auf ihren Spaziergängen durch die Straßen, den Beobachtungen in Cafés und Restaurants sammelt Djuna unzählige Eindrücke, prägen sich ihr Stimmen, Gesten, Gesichter ein, nimmt ihr Ohr Satzfetzen auf, die sie zu Hause zu Geschichten und Gedichten ordnet. Sie ist eine große Menschenkennerin, aber sie zeichnet Bilder der Personen mit den Mitteln der Verfremdung, so dass man den Eindruck hat, sie alle sind Wesen aus der Ferne, unbestimmt. Es sind Figuren, die nirgends richtig zu Hause sind und nicht wissen, worin der Sinn ihres Lebens bestehen könnte. Sie warten auf etwas und tun nichts dazu, es irgendwann tatsächlich zu finden. So auch die schöne Banjospielerin in der Erzählung »Paprika Johnson«. Sie zeigt sich nicht, spielt ihr Instrument auf der Feuertreppe eines Biergartens sitzend. Dadurch lockt sie Besucher an und der Biergarten erlebt einen Aufschwung. Da sie ein »gutes Mädchen« ist und sich selbst zugunsten anderer zurückstellt, hilft sie ihrer Freundin, einer hässlichen, eigensüchtigen Person, wann immer die sie braucht. So verschwendet sie ihr Leben und versäumt das Glück. Die Figuren in Djunas frühen Erzählungen sind nicht in der Lage, wirklich zu handeln. Sie lassen sich treiben und bleiben schließlich auf der Strecke.

Für sich selbst aber möchte Djuna Barnes etwas anderes. Sie hat den Wunsch nach etwas Bleibendem, sei es in den Beziehungen oder in ihrem Schreiben. Djuna beschreibt all diese Zu-kurz-Gekommenen, um sich selbst darin zu bestärken, weiterzumachen, zu suchen, nicht aufzugeben, so schwierig das für eine übersensible Person wie sie ist.

Wie viele andere, vor allem Künstler und Intellektuelle, möchte auch Djuna Barnes gern aus Amerika heraus, nach Europa. Man nennt sie »expatriates«, Ausgebürgerte, obwohl keiner sie zwingt, das Land zu verlassen. Sie wollen die miefige, kleinbürgerliche, prüde Enge hinter sich lassen. Sie können nichts anfangen mit dem herrschenden Fortschrittsoptimismus und wünschen sich stattdessen mehr persönliche Freiheit. Wer hat schon das Recht, anderen vorzuschreiben, was gut und böse ist, wie ein richtiges oder ein falsches Leben aussieht? Insgesamt herrscht ein kunstfeindliches Klima, die meisten Künstler haben den Eindruck, sich in Amerika nicht entfalten zu können. Sie sehnen sich nach kultureller Vielfalt und glauben, sie in Metropolen wie London, Paris oder Berlin eher als in Amerika zu finden. Obwohl finanzielle Sicherheit und materieller Wohlstand gerade hier wie nirgends sonst winken, treibt eine innere Unruhe, die Suche nach Werten jenseits von Geld, viele Künstler um. Sie sind auf der Suche nach dem Abenteuer Leben, das identisch ist mit der Möglichkeit zu künstlerischer Experimentierfreude.

Auch Djuna gehört zu den Auswanderern. 1919 kommt sie in Paris an, wo sich viele berühmte Schriftsteller aufhalten, unter ihnen T.S. Eliot, Ezra Pound und James Joyce. »Kein Mensch untersteht sich, eine feste Ansicht von Leben, Liebe oder Literatur zu hegen, ehe er in Paris gewesen ist, denn stets hat er unmittelbar neben sich jemanden, der ihm zuraunt: ›Haben Sie den Louvre besucht? Haben Sie auf Giotto angesprochen? Haben Sie Ihre Hand über die Möbel des fünfzehnten Jahrhunderts gleiten lassen?‹«[9]

Die kulturelle Landschaft von Paris wird aber längst nicht nur von Männern geprägt. Das ist auch in New York und anderen Metropolen nicht anders. Frauen prägen Anfang des 20. Jahrhunderts ganz entschieden die allgemeine Aufbruchstimmung. Doch hier in der französischen Hauptstadt können sich Schriftstellerinnen, Malerinnen, Journalistinnen frei entfalten. Das betrifft die Arbeit und das private Leben. Gertrude Stein, die in der Rue de Fleuris einen Salon hat und außerdem eine sehr angesehene Schriftstellerin ist, antwortet auf die Frage, warum sie so gern unter Franzosen lebe: »Der Grund ist einfach der, daß sie ihr eigenes Leben leben und daß sie also auch dir dein eigenes Leben lassen.«[10] Dies Leben ist aber keine ewige Party, sondern harte Arbeit. Der irische Schriftsteller James Joyce, den Djuna in Paris einige Male trifft, kennzeichnet sein Interesse so: »Ich will dem nicht dienen, woran ich nicht mehr glauben kann, nenne es nun meine Heimat, mein Vaterland oder meine Kirche. Ich will versuchen, mich in meiner Kunst so frei und vollständig wie möglich auszudrücken.«[11] Das könnte genauso gut von Djuna sein.

Freiheit meint für all die Frauen, die nach Paris kommen, um zu arbeiten und zu leben, auch sexuelle Freiheit, die Freiheit zu lieben, wen man möchte. Zu ihnen gehört auch Djuna, die Liebesbeziehungen zu

Männern und Frauen hat. Als Lesbe bezeichnet sie sich nie, ganz einfach deshalb, weil sie solche Kategorisierungen hasst.

Treffpunkte sind neben den Cafés die Salons von Gertrude Stein und Nathaly Barney und die Buchhandlungen von Sylvia Beach und Adrienne Monnier. Selbst Djuna Barnes, die distanziert wirkt und als extravagant und schwierig gilt, ist hier ein gern gesehener Gast. Wenn ihr jemand unsympathisch ist, so zeigt sie das unverblümt, mag sie eine Person, tut sie es überschwänglich kund. Sie trifft auch Mina Loy wieder, die Freundin aus New Yorker Zeiten.

Djuna hat eine kurze Affäre mit Nathaly Barney, zu deren »Lesbierinnen-Soiréen« sie regelmäßig erscheint. Ihre größte und aufregendste Liebe aber gehört Thelma Wood, einer schönen, jungen, exzentrischen Bildhauerin. Sie ist 1901 in Missouri geboren und stammt aus wohlhabender Familie. 1920 oder 1921 lernen Djuna und Thelma sich kennen. Der leidenschaftliche Zickzackweg dieser Liebe dauert acht Jahre, Höhen und Tiefen wechseln einander ab. Die ersten Jahre sind sehr glücklich und die beiden betrachten sich und ihre Katze »Dillie« als kleine Familie. Djuna ist »Mammo« oder »Junie«, Thelma »Papa« oder »Simon«. Sie wohnen zusammen am linken Seineufer, zuerst am Boulevard Saint Germain und dann in der Rue St. Romain. Djuna schreibt, im Bett liegend, und Thelma malt. So verbringen sie diese zunächst harmonische Zeit, bis Thelmas Freiheitsdurst die Grenzen einer derart festen Beziehung nicht mehr akzeptieren kann. Nun beginnt ein Kampf »auf Leben und Tod«. Sie leben vor allem in Paris, unterbrochen von drei kurzen Aufenthalten in New York. Thelmas Alkoholeskapaden bringen Djuna in Rage, und das, obwohl sie selbst auch nicht gegen übermäßigen Alkoholgenuss gefeit ist. Sie hetzt auf der verzweifelten Suche nach Thelma von Kneipe zu Kneipe, trinkt viel auf diesen Touren und landet irgendwann, in Tränen aufgelöst, im Rinnstein. Alles Ehrfurcht Gebietende, Würdevolle schwindet in diesen Momenten, Djuna ähnelt einem hilflosen Kind, das allein nicht mehr auf die Beine kommt. In dieser Schutzlosigkeit fällt die unnahbare Hülle, die sie sonst umgibt, und sie entblößt ihr verzweifeltes Herz. Thelma macht, was sie will, hat neben Djuna andere Frauen, lebt ohne Rücksicht auf die Freundin ihren Lebens- und Liebeshunger aus. Djunas Eifersuchtsgefühle können völlig außer Kontrolle geraten. Dadurch wird Thelmas Freiheitsdrang nur noch weiter angestachelt – eine ausweglose Spirale.

Die Art und Weise, wie Djuna Barnes und ihre Freunde die Tage und vor allem die Nächte zubringen, ist typisch für das Lebensgefühl der 20er-Jahre in Paris. Der Alkohol fließt in Strömen, die Nächte scheinen endlos. Darüber aber darf nicht vergessen werden, dass für nahezu alle diese Künstler die Arbeit das Wichtigste ist. Viele der Frauen, die aus verschiedenen Ländern kommen, leisten Hervorragendes in kreativen Bereichen wie der Fotografie, der Malerei, der Literatur, dem Theater und der Architektur. Die Zeit wird nicht verbummelt. Schauplätze der großen und kleinen privaten Tragödien und Komödien sind vor allem Cafés, Bars, Variétés.

Neben dem Kampf um Thelmas Liebe arbeitet Djuna trotzdem sehr intensiv. Sie verbringt viel Zeit in den Cafés, beobachtet, hört zu und dann wirkt sie stiller, abgeschlossen, in sich gekehrt. Sie spürt das Bedürfnis, über das Erlebte und Beobachtete nachzudenken, es künstlerisch umzuformen.

So entsteht der erste Roman: »Ryder«. Der Inhalt ist stark autobiographisch, Djuna erzählt eine Familiengeschichte, in der die Personen die Züge der eigenen Familie tragen. Dem untreuen Vater gibt sie den Namen Wendell und schildert minutiös seine sexuellen Eskapaden. Das Geschehen wird immer wieder unterbrochen durch kleine lyrische Einlagen, Wiegengedichte, Spottlieder. Djuna ist nicht mehr das kleine Mädchen, das unter den Familienverhältnissen leidet und traurig wird, wenn es sieht, wie Mutter und Vater sich auseinander leben. Ihr Alter und ihre Intelligenz helfen ihr, nun auch mit Spott und Ironie zu reagieren.

In grauer Vorzeit war's einmal,

Da hatte dieses Lied Moral,

So hör gut zu, ist auch dahin

Seit langem Grund und Reim und Sinn!

Fol dei ril di ri do![12]

Oder im »Klagelied der Hebamme oder das grauenvolle Ergebnis von Wendells erster Untreue«:

So starb sie – vor der Zeit im Kindbett, eh' der Nord

Sein stetes Schneien endete, und niederkam

Zu Wassern in der See, der wasserschweren See,

Und auf den Sänden zum Geheul ward ihretwegen,

Die starb, wie Weiber immer sterben, sehr unbillig

Auf einen Tod gepfählt, der ihnen innen kriecht;

Denn Männer sterben anders, durch Manns entblößtes
Schwert,

Doch Weiber an dem Degen, dem sie die Scheide sind.

Und dieses Mädchen, ganz unzeitig, stürzte so

Sich auf den Sohn als Stachel, und sie schied dahin

Gleichwie nur eine Römerin verblutend –[13]

Die Geschlechterrollen beschäftigen Djuna immer wieder. Sie kann sich nicht damit abfinden, dass Männer und Frauen streng voneinander geschiedene Wesen sein sollen, und träumt davon, dass über dem Geschlechtlichen das Menschliche steht.

»Ryder« erscheint zunächst bei Horace Liveright in

New York in zensierter Form, wobei den Zensoren die tiefsinnigen »Anzüglichkeiten« Djunas offensichtlich entgangen sind. Das Honorar will der Verlag so gering wie möglich halten, weil man an den Erfolg des Buches nicht glaubt. Aber der Roman landet auf der Bestsellerliste, was verwundert, ist er doch nicht gerade eingängig geschrieben. Offenbar spricht er jedoch den Wunsch vieler Leser nach offener Meinung und schonungsloser Darstellung wirklicher Verhältnisse an.

Die 30er-Jahre brechen heran. Sie bringen weltweit große Veränderungen, auch Paris bleibt nicht verschont davon. Die erste Katastrophe für Djuna Barnes ist privater Natur und betrifft die endgültige Trennung von Thelma Wood. Obwohl der Bruch sich lange angekündigt hat, ist er für beide schmerzlich. Thelmas Untreue kann als Hauptgrund angesehen werden. Thelma geht zurück nach New York und schreibt von dort noch immer herzzerreißende Briefe an Djuna: »Ich träume jede Nacht von Dir – und manchmal, Djuna, da träume ich, daß wir Geliebte sind, und ich wache am nächsten Morgen auf und sterbe beinahe vor Scham. Mir im Schlaf etwas, das mir so vertraut ist, einfach zu nehmen – etwas, das Du mir nicht geben willst. Es ist, als würde ich Dir etwas stehlen, und ich fühle mich, als müsse ich dir am nächsten Tag ›verzeih mir‹ telegraphieren und die ganze Nacht wachsitzen ... Ich würde alles in der Welt tun, um Dir eine kleine Freude zu bereiten – aber was kann ich tun? Ich weiß nicht, welchen Schritt ich zuerst machen soll, da ich mir sicher bin, daß alle falsch wären.«[14]

Djuna aber ist so tief verletzt, dass sie auf die Briefe nicht reagiert. Ihr Inneres hat sich noch längst nicht beruhigt, sie ist erschöpft von dem jahrelangen Kampf um Thelmas Liebe. Die Beziehung ist für sie zu Ende trotz aller Besserungsabsichten von Thelma. Zu oft hat Djuna schon erlebt, wie alles beim Alten bleibt. In ihrer Erzählung »Leidenschaft« sagt die männliche Hauptfigur einmal: »Das unbeirrt dem Schrecken zu, das ist die Liebe.«[15] Kein Satz könnte die Beziehung zwischen Djuna und Thelma besser treffen. Nun muss Djuna versuchen, auf ihre Art und allein mit sich das aufzuarbeiten, was war.

Auch die politische Situation verändert sich und wirkt sich auf das Lebensgefühl der Künstler aus. Der lustvolle Überschwang, der Rausch kreativer Freiheit bekommt einen Dämpfer. Die sozialen Konflikte, um ein Vielfaches verschärft durch die Weltwirtschaftskrise, nehmen nun einen breiten Raum ein. Es herrscht eine Art Aufbruchstimmung unter Künstlern und Intellektuellen, das Kunstwerk soll nicht mehr nur für sich sprechen, es hat sich auch um das zu kümmern, womit die Menschen sich Tag für Tag herumschlagen, und kann sich vor der Politik nicht verschließen. Juden, Homosexuelle, Farbige, alle so genannten

»Außenseiter« der Gesellschaft haben es zusehends schwerer. Djuna hat sich ja immer schon gerade diesen Leuten zugewandt. Sie schreibt seit jeher eine »littérature engagée«, so der Fachausdruck für ein Schreiben, das sich einmischt und nicht wegsieht, das die Menschen schildert, in ihre Probleme, den Himmel und die Hölle ihres Alltags eindringt. Djunas in den letzten Jahren erprobte Methode der Verfremdung und Übertreibung verhindert allerdings, dass man immer eindeutig sagen kann, was sie genau meint. Es ist die Phantasie, die sich mit der Realität auseinander setzt und sie neu erschafft, eine ausufernde Phantasie mit starken Bildern und krassen Aussagen, einmal mehr, einmal weniger verrätselt. Das scheinbar rein Private hat bei Djuna sehr oft einen starken gesellschaftlichen Bezug. Am sinnfälligsten wird das in der Erzählung »Eine Nacht mit den Pferden«. Ein Stallbursche befreundet sich mit einer Dame, die ihn erziehen, einen »Jemand« aus ihm machen will. Dabei meint sie es aber nicht wirklich ernst, sondern spielt nur mit ihm. Als er eines Abends betrunken in Frack und Zylinder auf die Weide geht, wird er von seinen Pferden zu Tode getrampelt. Sie haben ihn nicht mehr erkannt. Die Dame wollte, dass er kein »Ding« mehr sei, aber als er den gesellschaftlichen Aufstieg probte, wurde er für die Pferde zu einem Ding, in dem sie den Freund nicht mehr wahrnehmen konnten. Der Widerstreit zwischen der gesellschaftlichen Maske und dem Natürlichen, »Animalischen« ist ein durchgängiges Thema in Djunas Werk. Was wird aus dem Menschen, wenn er sich anpasst und eine der vielen Verkleidungen wählt, die er zur Auswahl hat? In der Gesellschaft anerkannt zu sein bedeutet, eine Seite seines Wesens zu verleugnen. Damit meint Djuna den Teil im Menschen, der Ort für die großen Leidenschaften ist.

Nach der Trennung von Thelma Wood beschäftigt sich Djuna in den Jahren von 1931 bis 1936 mit dieser »Nachtseite« der Existenz. Sie schreibt einen Roman, »Nightwood« (»Nachtgewächs«), der im Paris der 20er-Jahre spielt. Die Hauptfiguren heißen Robin und Nora, zwei Lesben, die die Züge von Thelma und Djuna tragen.

Der Roman liest sich wie ein langes atemloses Gedicht, eine echte Handlung lässt sich nicht ausmachen, wird aber auch überhaupt nicht vermisst, so spannend ist das, was sich an dramatischen Ereignissen im Innern der Personen abspielt. Die Zeitebenen wechseln ständig, die Orte sind einmal real, ein andermal phantastisch. Es ist die Geschichte ihrer großen Liebe, die Djuna erzählt. Dabei lässt sie nichts aus, nicht die Hoffnungen, nicht die verzehrende Sehnsucht, nicht die wilde Eifersucht. Die erste Begegnung zwischen Robin und Nora findet in einem Zirkus statt. Das Jahr wird genau benannt: Herbst 1923. »Der große Löwenkäfig war aufgestellt worden, und die Löwen entstiegen ihren schmalen Tresoren und schritten heraus, die Schwänze niedrig über den Estrich gelegt, schleppend und träge, die Luft schwängernd mit verhaltener Kraft. Und dann, als eine mächtige Löwin die Ecke im Gestäbe erreichte, genau dem Mädchen gegenüber, wandte sie ihr wütendes großes Haupt, die gelben Augen entflammt, und ging nieder. Die Tatzen durchstießen die Stäbe; sie sah das Mädchen an – als falle ein Fluß hinter einer Welle unerträglicher Hitze –, und ihre Augen flossen in Tränen, die niemals die Oberfläche erreichten. Sofort stand das Mädchen auf. Nora faßte seine Hand. ›Gehen wir hinaus!‹ sagte das Mädchen. Nora hielt es immer noch an der Hand und führte es hinaus.«[16] Mensch und Tier verbinden sich in einer tiefen Rührung, so erzählt oder beschwört Djuna Barnes die erste Annäherung zwischen Robin und Nora. Sie findet ein ungewöhnliches Bild großer Eindringlichkeit und hebt damit das Geschehen in einen phantastischen Bereich. Der Ort dieses ersten Kennenlernens, des Beginns der Liebe ist außerhalb von Zeit und Raum, dort, wo Mensch und Tier, Mädchen und Löwin einander noch erkennen. So muss es gewesen sein, als Djuna auf Thelma traf, genau so. Djuna erzählt den Augenblick, als würde er sich gerade jetzt, im Moment des Erzählens, ereignen. Alles steigt wieder hoch in der Dichterin, sie wehrt sich nicht dagegen, aber sie schafft eine Art Distanz dazu, indem sie einen

Roman daraus macht. Djuna erlebt den Anfang ihrer Liebesgeschichte noch einmal im Aufschreiben. Der Methode der Verfremdung ist sie treu geblieben. Es gelingt Djuna Barnes, auf einen Schlag deutlich zu machen, in welchen Dimensionen sich ihre Liebe – die Liebe überhaupt? – bewegt.

Robin zieht zu Nora, sie schließen sich ab von der Welt. »Auf dem Weg ihres gemeinsamen Lebens bezeugte jeder Gegenstand im Garten, jede Einzelheit im Haus, jedes Wort, das sie sprachen, ihre gegenseitige Liebe, die Vereinigung ihrer Temperamente.«[17] Eines Tages aber bemerkt Nora, dass Robin neben dem Leben mit ihr noch ein anderes Leben hat, an dem Nora selbst nicht teilnimmt. Robin bleibt nachts immer länger weg, streift umher, trifft Leute, mit denen Nora nichts zu tun hat. Nora bleibt zu Hause, wartet in unerträglicher Anspannung und wachsender Eifersucht. Manchmal verfolgt sie die Geliebte. »Robins Abwesenheit wurde mit fortschreitender Nacht zu einem körperlichen Verlust, unerträglich und unersetzlich. Wie eine amputierte Hand nicht verleugnet werden kann, weil sie eine Zukünftigkeit erfährt, deren Opfer ihr Vorfahr ist, so war Robin eine Amputation, von der sich Nora nicht lossagen konnte. Wie das Handgelenk sich sehnt, so sehnte sich ihr Herz. Sie kleidete sich an, ging hinaus in die Nacht, um ›außer sich‹ zu sein, und schlich um das Café, wo sie Robin flüchtig zu sehen bekam.«[18]

Djuna Barnes schildert in »Nachtgewächs« nicht nur ihre private Liebesgeschichte, sondern die Suche jedes Menschen nach Liebe. Die 20er-Jahre waren ein Spielfeld für Liebesexperimente verschiedenster Art. Neue Lebensformen wurden gesucht, in denen der vollständige Mensch möglich sein sollte. »Man weiß nicht, welchen Weg man gehen soll. Ein Mann ist eine andere Person – eine Frau ist man selbst, gefangen in dem Moment, da die Panik beginnt. Auf ihrem Mund küßt man den eigenen. Wird sie einem genommen, so weint man, weil man seiner selbst beraubt wurde.«[19] Es bleiben die Unsicherheit und die Versuche, doch eines Tages den richtigen Weg zu finden.

Djunas Aufenthaltsorte wechseln in diesen Jahren der Niederschrift von »Nachtgewächs« häufig. Sie ist verschuldet, ständig auf der Suche nach finanzieller Unterstützung, der Möglichkeit, durch journalistische Arbeiten zu Geld zu kommen. 1931 zieht sie für ein paar Jahre mit dem amerikanischen Schriftsteller Charles Henry Ford zusammen, den sie bereits seit zwei Jahren kennt. Es ist keine stürmische Leidenschaft, eher eine Freundschaft mit ein wenig Liebesgeplänkel. Mit Ford unternimmt Djuna Reisen nach Wien, München, Budapest und Tanger. Zwischendurch wird sie schwanger von dem französischen Maler Jean Oberle, lässt das Kind aber sofort abtreiben.

Zum Schreiben zieht sie sich immer wieder für lange Zeit nach Devonshire in das Sommerhaus von Peggy Guggenheim zurück. Peggy ist eine steinreiche amerikanische Kunstsammlerin und Mäzenin, die Künstlern hilft, wo sie nur kann. Djunas Zimmer ist das schönste, ansonsten wirkt das Gebäude eher spartanisch. Peggy Guggenheim berichtet: »Ein einziges Zimmer war eigenartig in einer Art Rokokostil eingerichtet. Der Raum schien wie gemacht für unsere Freundin Djuna Barnes, die mit uns gekommen war, und so wurde es ihr zugeteilt. Im Bett dieses Zimmers liegend hat sie den größten Teil von ›Nachtgewächs‹ geschrieben.«[20]

Im Haus von Peggy Guggenheim lernt Djuna eine Frau kennen, die zu einer engen Freundin und Förderin der Dichterin wird: Emily Coleman. Emily sprüht vor Witz und Schlagfertigkeit. Sie schreibt selbst Romane und Gedichte, ist begeistert von »Nachtgewächs« und tut alles, damit das Buch erscheinen kann. Ihr ist es zu verdanken, dass der Roman 1936 endlich bei Faber & Faber gedruckt wird. Der in London lebende Dichter T.S. Eliot, Cheflektor bei Faber & Faber, unterstützt das Unternehmen. Mit ihm steht Djuna von jetzt an in regem Briefwechsel. Die Kritik weiß mit dem Werk nicht viel anzufangen und beurteilt es als »seltsam und hervorragend«, »verquer, morbide und interessant« oder sieht darin das »Zwielicht des Anormalen«. Man ist sich unklar darüber, um was es in diesem Roman letztlich geht, man vermisst die durchkonstruierte Handlung. Damit aber zeigen die Kritiker nur, wie wenig sie verstanden haben, worum es der Dichterin geht. Es ist der vorurteilslose Blick von Djuna Barnes, der nicht innehält vor dem Schrecklichen, das sich ihm zeigt, der die Oberfläche der Dinge durchbohrt, um zum Grund vorzustoßen. Eine Handlung im engen Sinne ist dabei gar nicht wichtig. Alles, was zählt, spielt sich im Innern der Personen ab, und auf das richtet sich der Blick der Dichterin. Dort ist das Leben zu finden, in den Gefühlen und Gedanken der Personen, ihrer Einsamkeit, Sehnsucht nach Liebe, in Eifersucht und Verletzbarkeit, Machthunger und Eitelkeit. Alles, was Djuna in den Jahren ihres Zusammenlebens mit Thelma erlebt hat, schreibt sie ihren Figuren auf den Leib.

Djuna selbst erwartet nicht mehr viel vom Leben. Sie hat abgeschlossen mit der Liebe. Der Umgang mit ihr wird immer schwieriger, sie neigt zu Wutausbrüchen und reagiert gereizt und streitsüchtig. Am liebsten ist es ihr, wenn man sie in Ruhe lässt.

An vielen Tagen etwas mürrisch
das Walroß ist eine Kuh, die wiehert
Stoßzahnbewehrt, häßlich und windumtost
Sitzt es auf Eis, und allein.[21]

In einem Brief analysiert Djuna ihren Zustand: »Melancholia, Melancholia reitet mich wie ein bockendes Pferd. Alles symptomatisch für meine Lebensschwierigkeiten – verdammt, ich dachte, ich wäre damit fertig, und nun zeigt sich, daß es keineswegs so ist … Wie ist es nur so weit mit mir gekommen?«[22] Djuna ist Mitte vierzig, ihr Roman bringt nicht den Erfolg und damit das Geld, das sie sich erhoffte und dringend bräuchte, ihre große Liebe ist gescheitert, was also kann das Leben ihr noch bieten?

1937 wohnt Djuna für einige Zeit in London. Sie freundet sich mit einem jüngeren Mann an, Silas Glossop. »Er ist der einzige Mensch, der mir noch ganz nahe steht.«[23] Silas verehrt Djuna sehr, möchte aber nicht mehr als eine freundschaftliche Beziehung zu ihr. Djuna leidet darunter, ihr Zustand wird noch prekärer. Obwohl sehr sensibel für das gesellschaftliche Barometer, entgeht ihr das Herannahen der Katastrophe des Zweiten Weltkriegs fast ganz. Die einzige unter den »expatriates«, die über eine stark ausgebildete politische Spürnase verfügt, ist die Journalistin Janet Flanner, die seit 1925 ihre »Briefe aus Paris« für die amerikanische Zeitung »The New Yorker« geschrieben hat. 1938, beim Anschluss Österreichs an Nazi-Deutschland, ist sie in Wien und schreibt: »Niemand scheint zu wissen, was den Ausbruch des nächsten großen Krieges provozieren wird. Diese Ahnungslosigkeit ist heute so ziemlich das einzige, was Zentraleuropa noch glücklich macht.«[24] Diese ausgeprägte politische Weitsicht besitzt Djuna nicht, die veränderte Stimmung in Paris bekommt sie hingegen mit. Für Atmosphärisches hat sie den siebten Sinn. Ende 1940, bevor die Deutschen Frankreich besetzen, kehrt Djuna nach New York zurück. Diesmal ist es endgültig. »Im Leben eines jeden Amerikaners kommt der Augenblick, da er zurückkehren muß in das Land seiner Geburt ... Europas Kultur mag lange an uns zehren, aber nicht für immer, zumindest nicht ohne gelegentliche Unterbrechung. Was ist das veritable Lächeln der Mona Lisa, wenn es nicht – und zwar so oft wie möglich – verglichen wird mit Chaplins Grinsen? Wie sollen uns die Gebeine der Toten rühren, wenn wir uns nicht eine Saison lang am Steptanz ergötzen?«[25]

Djuna wohnt zunächst zwei Jahre lang in Greenwich Village, bevor sie sich eine kleine Wohnung am Patchin Place nimmt, aus der sie 41 Jahre lang nicht mehr ausziehen wird. Es ist eine Art innerer Emigration, das Draußen interessiert Djuna nicht mehr sonderlich. Sie hat einen Tagesplan, nach dem sie sich richtet. Das frühere ausschweifende Leben hat sie aufgegeben, raucht und trinkt viel weniger und verbringt die Nächte zu Hause. Dort vergräbt sie sich in die Arbeit; Gedichte und ein Drama entstehen.

Frühlingsritus

> *Der Mensch kann seinen Körper nicht von*
> *seinem Thema reinigen*
> *Wie die Seidenraupe am laufenden Faden*
> *Ihr Leichentuch spinnen kann, um darin noch*
> *einmal alles zu überdenken.*[26]

Djuna Barnes hat genug erlebt, um Stoff für das Nachdenken und das Dichten zu haben. Ihre Themen ändern sich nicht mehr. Sie schöpft aus dem alten »Schatz«. Ihr Stoff ist die eigene Vergangenheit, wie auch schon bei ihrem Roman »Nachtgewächs«. Bis 1954 arbeitet sie beharrlich an dem Stück »Antiphon«. Die Erklärung des Titels findet sich im Stück selbst:

> *...Wo die hohen Saiten*
> *Der Viola, angerissen, den Gegenton*
> *In den nicht angerißnen Saiten drunter zeugen –*
> *Da ist Antiphon.*[27]

Wie im Roman findet man auch in »Antiphon« keine richtige Handlung. Es geht um eine Familiengeschichte, ein Drama, das sich abspielt zwischen den einzelnen Familienmitgliedern, die sich gegenseitig Vorwürfe machen, schuldig zu sein an dem lebenslangen Zwist und der Entfremdung voneinander. In der Vorbemerkung schreibt Djuna über die beiden Hauptfiguren Mutter und Tochter: »Ihre Vertrautheit ist ihre Entfremdung, in diesem Abgrund findet ihr Zweikampf statt, und er sollte mit Stil geführt werden.«[28] Das genau bedeutet Antiphon, dass in dem, was die Personen aussprechen, alles, was untergründig schwelt, aber nicht direkt angesprochen wird, ebenfalls angerissen wird. Wieder ist es die dunkle Saite, die mit zum Klingen kommt, die Nacht. Miranda, die träumerisch veranlagte Tochter, spricht es an:

> *Gewiß bin ich stets dem Tod verpflichtet gewesen*
> *Er ist das Maß in allem, was ich tue,*
> *Er ist der Gegenstand, um den ich kreise,*
> *Er ist die Nabe, die die erschütterte Spindel hält,*
> *Bleilot, Sextant und Schwerkraft*
> *Des Steuermanns mit der behutsamen Hand:*
> *Es gehört zur Menschenwürde, daß man stirbt.*[29]

Djuna hat ihre Mutter in New York wiedergetroffen. Als die Mutter 1945 stirbt, ist das der Moment, in dem Djuna befreit über sie schreiben kann. Sie hat die Mutter immer als sehr starke, aber auch völlig amusische Frau erlebt. Praktisch veranlagt, mit beiden Beinen auf der Erde und allen Phantasien und träumerischen Lebensentwürfen Djunas gegenüber kritisch eingestellt. Das bedeutete für sie bis zum Tod der Mutter einen immer währenden Kampf.

Das Theaterstück »Antiphon« stößt bei seinem Erscheinen auf noch größere Befremdung als der Roman »Nachtgewächs«. Viele der Freunde reden sich mit fadenscheinigen Argumenten heraus, man sieht zu schlecht, um noch lange Texte lesen zu können, oder es fehlt gerade an der Muße dazu. Selbst T.S. Eliot reagiert unsicher. Zu dunkel ist ihm dieses Werk, zu viel auf nicht wirklich gekonnte Weise verwoben. Der Einzige, der begeistert ist, ist der Dichter Edwin Muir, ein alter Bekannter. Leider stirbt er am 26. Februar 1959, kurz nach dem Erscheinen von »Antiphon« bei Faber & Faber in England. »Ich liebte diesen Mann – und alle liebten ihn, diese Art Mensch, der ungeschützt lebt und stirbt.«[30] Durch Muirs noch zu Lebzeiten zustande gekommene Vermittlung kann das Stück in Schweden aufgeführt werden, aber die Presse in Amerika und England nimmt kaum Notiz, und wenn, dann abfällig.

Nachdem auch T.S. Eliot, ein zwar kritischer, aber liebevoller Freund, gestorben ist, beginnt die letzte, sehr einsame Phase in Djunas Leben. Im Mai 1963 schreibt sie an Nataly Clifford Barney, die alte Freundin aus den wilden Pariser Jahren: »Ich lebe das Leben einer Trappistin – mein Türschloß mußte aufgebrochen werden, als ich zum Ambulanzwagen abgeschleppt wurde! – und ich will weder Vorträge halten noch Lesungen veranstalten, noch Fragen beantworten, noch mich für Photos in Positur setzen, noch literarische Tees besuchen – ich will diesen ganzen

Kram nicht, der dazugehört, wenn man in die Zeitungen kommen will. Dies ist die große Zeit der Werbung: außergewöhnlich gewöhnlich, katastrophal vulgär und sehr laut.«[31]

Djuna Barnes – sie nennt sich im Alter nur noch »die Barnes« – kehrt zu den Gedichten zurück, mit denen sie begann. Kein Roman mehr, kein Drama, keine Erzählung. Leider werden diese letzten Gedichte nicht veröffentlicht. Aber das, was die wenigen Briefe, die sie noch schreibt, und die paar Gespräche, die sie führt, aussagen, erregt die Phantasie und zeigt, wie kraftvoll das Denken und wie genau die Sprache dieser alten Frau noch immer sind. »Alte Leute sollte man töten! Wissen Sie das? Diese Bemühungen, sie am Leben zu erhalten – das ist unmenschlich! Ich bin schon tot. Ist Ihnen das klar? Ich bin schon einmal gestorben, und man hat mich zurückgeholt. Jetzt muß ich das Ganze nochmal durchmachen! Es ist furchtbar!«[32] Manch ein Literaturwissenschaftler möchte sie besuchen, das Interesse an den so genannten »wilden 20er-Jahren« ist im Wachsen. Djuna hasst diese Ausfragereien. Sie reagiert unwillig, bissig, abweisend. Und doch eben noch voller Temperament, höchst lebendig, gerade nicht wie jemand, der eigentlich schon tot ist. Djuna bewohnt eine winzige Wohnung: ein Zimmer, Kochnische, Bad. Sie hält wenig Ordnung, der Schreibtisch quillt über von Papieren, Zetteln, Bankauszügen, Einkaufslisten, Bleistiften. Überall stehen irgendwelche Dinge herum: das Kakerlakenspray, Medikamente, Ordner, verstaubte Bücher. Sie muss sich immer wieder an reiche Freunde wenden, um zu Geld zu kommen. Die Millionärin Peggy Guggenheim hilft oft, Nathaly Barney schickt ab und zu einen Scheck. Zwischen 1978 und 1981 lässt Djuna Barnes es zu, dass ein Sekretär ihre Unterlagen in Ordnung bringt. Sein Name ist Hank O'Neal: »Sie war allein, aus Neigung oder durch die Umstände. Sie schätzte ihre Unabhängigkeit so hoch wie Cyrano seine weiße Feder … Stolz, Unabhängigkeit, Einsamkeit und Zorn über eine Welt, die sie entweder nicht mehr verstand oder der sie nicht anzugehören wünschte – alles dies hielt sie am Ende ihres Lebens in Gang. Sie selbst stellte das immer wieder auf höchst eloquente Weise fest.«[33] O'Neal scheint den richtigen Ton zu treffen, um sie zum Sprechen zu bringen. Ihm erzählt sie bereitwillig aus ihrem Leben.

Über 90 Jahre wird Djuna Barnes alt. Als sie 1982 stirbt, ist sie allein. Sie hatte sich gewünscht, dass ihre Asche in der Nähe ihres Geburtsorts Cornwall-on-Hudson beigesetzt werde.

»*Ich habe meinen Traum*«
Sylvia Plath (1932–1963)

London 1959. Mr. und Mrs. Ted Hughes sind noch nicht lange in England und haben zum Glück schnell eine Dreizimmerwohnung gefunden. Alles steht herum: Es ist viel zu wenig Platz für viel zu viele Dinge, vor allem für die unzähligen Bücher. Am Wohnzimmerfenster auf einem kleinen Tisch steht die Schreibmaschine, wichtigstes Utensil der beiden, denn sie sind Schriftsteller. Der Mann, Ted, hat es bereits zu einiger Berühmtheit gebracht. Die Frau, Sylvia, hat es schwerer. Sie muss neben dem Dichten den Haushalt führen und ist Dozentin für Literatur. Ihr Gatte kommt in Rage, wenn ein fehlender Knopf nicht sofort angenäht wird. Später, nach ihrem frühen Tod, wird sie verehrt werden, wird man ihre Gedichte, die Erzählungen und den Roman »Die Glasglocke« loben und ihren Namen werden alle literaturbegeisterten Menschen kennen. Mrs. Hughes wird sie dann keiner mehr nennen, denn ihre Werke erscheinen unter ihrem Mädchennamen: Sylvia Plath.

Sylvia Plaths Vorfahren sind deutscher Abstammung. Der Vater, Otto Plath, verbrachte seine Kindheit und Jugend in Grabow im preußischen Posen und wanderte 1901 in die USA aus. Er studierte Geisteswissenschaften und Zoologie. Als Assistent an der Boston University lernt er 1929 Aurelia Schober kennen, deren Eltern aus Österreich eingewandert sind. Aurelia kommt aus ärmlichen Verhältnissen und muss sich ihr Studium, Englisch und Deutsch, selbst finanzieren. Sie möchte unbedingt Lehrerin werden. Als sie Otto Plath begegnet, faszinieren sie dessen gutes Aussehen und Gelehrsamkeit, weshalb der Altersunterschied von 21 Jahren keine Rolle spielt. Die beiden heiraten im Januar 1932. Auf Verlangen Ottos gibt Aurelia, die seit eineinhalb Jahren an der Brookline Highschool unterrichtet, ihre Stelle auf und widmet sich dem Haushalt, was einigermaßen befremdet, hatte ihr doch das Studium viel an Entbehrung auferlegt. Aber da sie eine pflichtbewusste Frau ist, akzeptiert sie die neue Aufgabe und versucht, sie perfekt zu erfüllen.

Am 27. Oktober 1932 wird Sylvia in Boston geboren. Otto Plath beschließt, in zweieinhalb Jahren zur Tochter noch einen Sohn zu bekommen: Sylvias Bruder Warren kommt genau zum vorausberechneten Zeitpunkt auf die Welt. Das Leben der Plaths ist wohl geordnet, immer klar strukturiert. Die Kinder sollen einmal etwas werden, Erfolg im Beruf haben und nicht etwa irgendwelchen diffusen Träumen nachhängen. Der Vater veröffentlicht seine Abhandlung über »Die Hummeln und ihre Lebensgewohnheiten« und bekommt endlich eine Professur an der Bostoner Universität. Der gesamte Alltag richtet sich nach seinen Gewohnheiten. Otto hasst sein Arbeitszimmer und pflegt deshalb im Esszimmer zu schreiben. Bücher und Papiere dürfen nicht verrückt werden, was den Effekt hat, dass man praktisch keine Gäste einladen kann.

In den gehobenen Gesellschaftsschichten erzieht man seine Kinder nach der Lehre von Horatio Alger, einem Schriftsteller, der von 1832 bis 1899 lebte. In seinem Werk vertritt er die Meinung, harte Arbeit sei das Maß aller Dinge und ein Recht auf Glück im Leben habe nur der, der es sich durch Disziplin verdiene. Auch Sylvia wird nach diesem Gesetz erzogen. Sie lernt, dass nur der, der etwas leistet, etwas wert ist.

1936 zieht die Familie nach Winthrop in Massachusetts um. Ein Jahr später zeigen sich beim Vater Anzeichen einer schweren Krankheit: Er nimmt ab und leidet unter Schlaflosigkeit und Muskelkrämpfen. Weil er vermutet, er habe Krebs, und das als Zeichen charakterlicher Schwäche ansieht, sucht er keinen Arzt auf. Die ganze Familie hat darunter zu leiden. Schließlich stellt sich heraus, dass es Diabetes ist, Zuckerkrankheit im Spätstadium. Im November 1940, kurz nach Sylvias achtem Geburtstag, stirbt ihr Vater in der Klinik, nachdem ihm ein Bein amputiert werden musste. Sylvias Reaktion, als die Mutter mit der schlimmen Nachricht nach Hause kommt: »Ich werde nie wieder mit dem lieben Gott sprechen.«[1]

Ihre Haltung dem toten Vater gegenüber wird immer zwiespältig sein. Einerseits ist da die große Liebe und Anhänglichkeit, andererseits war er nicht so, wie sie ihn gern gehabt hätte. Er hatte nicht genug Verantwortungsgefühl seiner Familie gegenüber und hat mit dem Leben gespielt, es nicht als kostbares Gut zu bewahren versucht. Sie kann es einfach nicht verstehen, dass ihr Vater so kampflos in den Tod geht, wo seine Familie ihn doch noch braucht! Wie soll sie auch mit ihren gerade mal acht Jahren anders empfinden!

Aber zu Otto Plath passt das Verhalten ganz gut, hat er sich doch auch in der Politik immer einem zurückhaltend auftretenden Pazifismus verbunden gefühlt. Er hat Amerikas Eintritt in den Krieg im Dezember 1941 nicht mehr erlebt, daher irritiert es, dass Sylvia ihn in einem späteren Gedicht in Zusammenhang mit den Nazis bringt, die für sie zum Sinnbild brutaler Macht werden. Der frühe Tod des Vaters scheint auf das Kind wie der Hieb einer Axt gewirkt zu haben.

> *Meine Angst vor dir war stets absolut*
> *Dein Schnurrbart, und was deine* Luftwaffe *tut,*
> *Und deine Rednergesten,*
> *Und dein arisches Auge voll blauer Glut,*
> *Panzermann, Panzermann, Tunichtgut!*[2]

Sylvias Mutter muss nun nach dem Tod des Vaters wieder arbeiten gehen, da sie keine Pension erhält. Sie findet eine Stelle als Lehrerin an einer Highschool. Als Sylvia zehn Jahre alt wird, ziehen sie zusammen mit Aurelias Eltern in einen Bostoner Vorort namens Wellesley Hills, wo man das Leben einer amerikanischen Mittelstandsfamilie lebt. Es gilt als wertvoll, ehrgeizig zu sein, sich ein hohes Maß an Bildung anzueignen, niemals irgendwie aufzufallen, es sei denn durch besondere schulische Leistungen. Sylvia wird den Anforderungen mühelos gerecht, wird Klassenbeste, ist Mitglied bei den Pfadfinderinnen und in der Basketballmannschaft, spielt Bratsche im Schulorchester, kleidet sich unauffällig, hat eine beste Freundin: Was will man mehr? Sylvia verfasst Artikel für die Schülerzeitung und beginnt, Tagebuch zu schreiben, was darauf hindeutet, dass der Umgang mit der Sprache ihr Freude bereitet. Sylvia arbeitet besessen und hat dabei immer mögliche Preise und Auszeichnungen im Blick.

Äußerlich fällt sie nur durch ihre ungewöhnliche Körpergröße auf, aber da sie nichts dafür kann, wirkt sich das nicht nachteilig aus. Mit 15 ist sie bereits 1,77 Meter groß, ziemlich dünn und ein wenig ungelenk in ihren Bewegungen. Die Haare dunkelblond und glatt, die Augen blau und wach, und jeder, der ihr begegnet, sieht ein intelligentes, lebendiges Mädchen mit einem perfekten Benehmen vor sich. Die Fassade stimmt und Sylvia zeigt ihren Mitmenschen nicht mehr als diese Fassade. Darunter brodelt und schäumt es, stieben Funken, öffnen sich bedrohliche Abgründe:

Ich dachte, daß ich unverletzbar sei;
Dacht, ich sei ein für allemal
Unerreichbar für das Leid –
Gefeit vor innerm Schmerz,
Und Qual.

Die Welt war warm von Märzensonne,
Mein Denken grün- und golddurchwirkt,
Mein Herz voll Freude, doch vertraut
Dem scharfen, süßen Schmerz, den nur die
Freude birgt.

Und meine Welt war plötzlich grau,
Das Dunkel schob die Freude fort.
Und Leere dumpf und schmerzhaft blieb,
Wo achtlos Hände hingefaßt.
Zerstört

War da mein Silbernetz aus Glück.[3]

Der Anlass für die Verse ist im Grunde relativ unbe-
deutend: Sylvias Großmutter hat aus Versehen ein
Pastellbild verschmiert, das der Enkelin sehr viel bedeutet. In der Phantasie nimmt die Sache allgemeinere
Züge an. Es hat mit der achtlosen Zerstörung persönlich wertvoller Dinge zu tun. Sie reagiert darauf sehr
intensiv. Die Achtlosigkeit wirkt nach, bleibt nicht
eine Augenblicksangelegenheit. Sylvia bemerkt einen

Zwiespalt in sich, eine innere Unausgeglichenheit. Zum ersten Mal taucht die Ahnung auf, dass sie anders sein könnte als die andern, dass ihre Anpassungsstrategie nicht vor innerem Schmerz schützen kann. Erfolg und Disziplin werden nie hinweghelfen über den Riss, der durch Sylvia geht und der sie schließlich dazu bringt, sich immer wieder in Gedichten und Prosa auszudrücken. Schreiben heißt schon in dieser frühen Zeit Suche nach der ganzen Wirklichkeit, nach der ungeschminkten Wahrheit.

Sylvias Englischlehrer liest die Gedichte, die seine Schülerin schreibt, vor und kommentiert sie in der Klasse. Die junge Dichterin freut sich darüber, ist Mr. Crockett doch ein begeisterungsfähiger, kompetenter Mann, der Sylvias Sehnsucht nach Wahrhaftigkeit offenbar erkannt hat. Mr. Crockett selbst eckt ganz schön an bei den Kollegen, weil er mit seinen Ansichten nicht hinterm Berg hält. Amerika mit seiner Prüderie und dem wachsenden Antikommunismus, der schließlich in der McCarthy-Ära[4] der frühen 50er-Jahre seinen Höhepunkt erreichen wird, macht es unangepassten Personen schwer. Innerlich fühlt sich Sylvia Leuten, die ihre Meinung offen sagen, durchaus verwandt, würde es aber nach außen hin nicht zugeben. In diesem dauernden Streit zwischen selbstständigem Denken und gesellschaftlicher Anpassung liegt der Hauptkonflikt ihres Lebens begründet. Eine Versöhnung der beiden Seiten findet nur im Schreiben statt.

Du fragst, warum mein Leben Schreiben ist?
Ob es mich unterhält?
Die Mühe lohnt?
Vor allem aber, macht es sich bezahlt?
Was wäre sonst der Grund? ...
Ich schreib allein
Weil eine Stimme in mir ist,
Die will nicht schweigen.[5]

Sylvia behält ihre Gedichte nicht für sich, sondern schickt immer mal wieder eines an das Magazin »Seventeen«, das als Werkstatt für schriftstellerische Talente gelten kann. Auch hier herrscht als oberstes gesellschaftliches Gesetz: Anpassung. Sylvia bleibt nicht verschont von dieser Erfahrung, als eine Redakteurin ihr rät, zuerst einmal zu schauen, was denn Mode sei, welcher Geschmack herrsche, um die eigene künstlerische Produktion danach auszurichten.

1950 beginnt Sylvia am Smith College in Northampton, Massachusetts, mit dem Studium. Sie hat ein Begabtenstipendium bekommen, was sie unter enormen Leistungsdruck setzt. Über die Spannung, in der sie lebt, geben ihre Tagebücher Auskunft. Nirgendwo äußert sich Sylvia so ehrlich, nirgendwo geht sie so schonungslos mit sich und der Maskerade um, die das Leben in ihren Augen zumeist ist, nirgendwo entblößt sie ihr Inneres derart direkt. Kein Satz ist einfach so dahergesagt, auch wenn es sich um Monologe handelt, die nicht im Blick auf spätere Leser geschrieben werden. Die Sätze ziehen einen in eine Welt voller Widersprüche und man wird Zeuge eines lebenslangen Kampfes um Identität.

»Gott, wer bin ich? Ich sitze abends in der Bibliothek bei greller Beleuchtung und lautem Ventilatorensurren. Mädchen, überall lesende Mädchen. Konzentrierte Gesichter, fleischrosa, weiß, gelb. Und ich sitze da ohne Identität: gesichtslos.«[6] Bei ihrer Arbeit in der Bibliothek trägt Sylvia die College-Uniform: Bermudashorts, Kniestrümpfe, eine Bluse mit hochgeknöpftem Kragen. Das College ist 1871 gegründet worden und hatte sich zum Ziel gesetzt, die akademische Ausbildung von Frauen zu fördern, allerdings ohne revolutionären Anstrich. Als Sylvia das Studium aufnimmt, geben die männlichen Studenten den Ton an. Frauen bekommen zwar die Qualifikation für einen Beruf, werden letztlich jedoch auf die Heirat vorbereitet. Noch immer sind sie Bürger zweiter Klasse, daran ändert auch das Smith College nichts. Sylvia belegt Kurse in Europäischer Geschichte, Französisch, Englisch, Botanik und Malerei. Sie tut sich nicht leicht damit, Freunde zu finden, hat aber endlich Glück und begegnet einer sehr sympathischen Soziologiestudentin, mit der sie bis zu ihrem Tod eine enge Freundschaft verbindet: Marcia Brown. Marcia bringt etwas mit, was Sylvia fehlt: gesunden Menschenverstand und eine gewisse Bodenständigkeit, Eigenschaften, die ihr helfen, die zuweilen recht chaotische Freundin zu ertragen und ihr in schwierigen Situationen mit Gelassenheit beizustehen.

Das Verhältnis den Männern gegenüber ist gespalten. Das liegt vor allem daran, dass in der Gesellschaft ein stereotypes Frauenbild vorherrscht: Entweder man gehört zu den guten Mädchen und geht als Jungfrau in die Ehe, hat zwei Kinder und kocht dem abends abgearbeitet nach Hause kommenden Mann ein nahrhaftes Essen, oder man gehört zu den bösen Mädchen, die sexy sind, einen großen Busen haben und sich in der so genannten schlechten Gesellschaft bewegen. Am fatalsten ist es jedoch, der Gruppe der intellektuellen Frauen zuzugehören, die nicht die Ehe anstreben, sondern einen Beruf, und die nichts dazu tun, den Männern zu gefallen. »Als Frau geboren worden zu sein, ist meine schreckliche Tragödie. Von dem Moment an, in dem ich gezeugt wurde, war ich zu Brüsten und Eierstöcken verurteilt und nicht zu Penis und Hoden; mein gesamter Wirkungskreis, meine Gedanken und Gefühle sind streng definiert durch meine Weiblichkeit, der ich nicht entrinnen kann.«[7] So spielt Sylvia das Spiel mit, schaut aus nach einem intelligenten, erfolgreichen, gut aussehenden jungen Mann und trifft auf Dick Norton, der in Harvard Medizin studiert. Von Anfang an ist die Beziehung starken Wechselfällen ausgesetzt. Dick hat neben Sylvia andere Beziehungen, zum Beispiel zu einer Kellnerin. Er erlaubt sich, was Frauen sich niemals erlauben dürfen, und Sylvia zweifelt immer mehr an der Stabilität ihrer Liebe. Zwar besucht sie Dick im Sanatorium, als er an Tuberkulose erkrankt, aber der Sinn steht ihr ebenso danach, ihre Jugend unbeschwert zu genießen, und sie hat Freude daran, schicke Kleider zu kaufen, um gut auszusehen. Sie ist mehr denn je mit sich unzufrieden und hat den Eindruck, das Leben laufe ihr davon.

An den Frühling

Du täuschst uns mit dem Vielfaltsgrün
Der jungen Sterne und du betörst uns mit
Dem gütigen Vanillemond aus Ahornblüte:
Und zähmst uns wieder mit dem Mythos des April.
Vergangnes Jahr hast du uns reingelegt
Mit Glitzerregens kindischem Getön,
Probierst es wieder, wir sind gleich bewegt
Von einem wilden Schauer, und wir sehn
Weinend den honigsüßen Morgen Licht
Streuen über den Rasen, glänzend naß:
Wieder ein Jahr unfruchtbar, voll Verzicht,
Doch du lockst uns weiter, du betrügst uns, daß
In uns der Glaube Oberhand gewinnt,
Jünger zu sein, als wir gewesen sind.[8]

241

Sylvia macht sich zwar immer von neuem klar, welch große Chance es bedeutet, »im Smith« studieren zu dürfen, aber ihre Selbstzweifel werden dadurch nicht geringer. Daran können alle äußeren Erfolge nichts ändern. Sylvia nimmt die Möglichkeiten an, die ihr geboten werden, aber sie strebt nach einer Vollkommenheit, die übermenschlich erscheint.

Im Juni 1953 ergibt sich die Gelegenheit, mit 19 anderen Mädchen in New York ein Volontariat bei »Mademoiselle«, einer »Mode- und Kulturzeitschrift für die moderne Frau«, zu bekommen. Die Großstadt überwältigt die artige Studentin. Sie und ihre Kolleginnen werden zu Festen eingeladen, besuchen Museen und schlendern durch die Straßen. So viel »Freizeit« gönnt sich Sylvia sonst nie und sie genießt die Gelegenheit. Die Arbeit bei »Mademoiselle« ist vielseitig. Die Dichterin versucht sich journalistisch und schreibt über Mode, verfasst einen Artikel über »Poeten auf dem Campus« und macht sich auf die Suche nach berühmten Schriftstellern, die man interviewen könnte, wie zum Beispiel Dylan Thomas. Der ist allerdings nicht bereit, mit ihr zu reden, so dass Sylvia sich mit Elizabeth Bowen, einer nicht ganz so bekannten Romanschriftstellerin, begnügen muss.

All diese Projekte hören sich ungemein spannend an, sind es aber nur zum Teil, denn Sylvia muss sich auch hier unterordnen. Da sind wieder Leute, die mehr zu sagen haben, die die geschmackliche Ausrichtung des Magazins kontrollieren und die Texte der Studentinnen einer scharfen Zensur unterziehen. Die Anpassung an die Welt der Trendmacher und des glamourösen Lebens von Scheinintellektuellen überfordert die junge Dichterin. Hier kann sie sich nun wirklich nicht zu Hause fühlen.

Während der turbulenten Zeit in New York erfährt Sylvia am 19. Juni von der am selben Tag geplanten Hinrichtung Ethel und Julius Rosenbergs, denen man Atomspionage für die Sowjetunion vorwirft. Es kommt zu keiner Begnadigung. Da Sylvia sehr sensibel und persönlich auf politische und gesellschaftliche Ereignisse reagiert, ist der Schock groß. Zu offensichtlich ist die ideologische Ausrichtung einer solchen Jagd auf Leute, die man verdächtigt, irgendwie kommunistisch angehaucht zu sein.

Und gleichfalls erschreckend ist die Apathie der Bevölkerung.

»Es gibt kein Geschrei, kein Entsetzen, keine große Rebellion. Das ist das Abscheuliche. Die Hinrichtung wird heute Nacht stattfinden; wie schade, daß sie nicht im Fernsehen übertragen werden kann ... das wäre so viel realistischer und nützlicher als das durchschnittliche Krimiprogramm. Zwei wirkliche Menschen werden hingerichtet. Das macht nichts. Die spürbarste emotionale Reaktion in den ganzen Vereinigten Staaten wird ein ziemlich ausgedehntes, demokratisches, unendlich gelangweiltes, lässiges und selbstzufriedenes Gähnen sein.«[9]

Die Hinrichtung der beiden Rosenbergs hat Sylvia Plath innerlich so erschüttert, dass sie einige Jahre später ihren Roman »Die Glasglocke« mit dem Bericht über dieses grauenvolle Ereignis beginnen wird. »Es hatte mit mir nichts zu tun, aber ich mußte darüber nachdenken, wie das war, lebendig verbrannt zu werden, an den einzelnen Nerven entlang.«[10] Menschen und wie es Menschen ergehen kann, was sie einander antun, darauf richtet Sylvia ihr Augenmerk und die ganze Kraft ihrer dichterischen Phantasie. Damit aber ist zugleich etwas ausgesagt über den Urkonflikt, mit dem sie sich herumschlagen muss und für den es keine Lösung gibt: Welche Beziehung besteht zwischen Leben und Kunst? Wie schafft man es, beides zu verbinden? Sylvia strebt in keiner Phase den Rückzug aus der Gesellschaft an, sondern geht wachen Auges durch die Welt, was mit sich bringt, dass ihr die Schrecknisse ihrer Zeit nicht verborgen bleiben, im Gegenteil. Die Möglichkeit, die Menschheit insgesamt auszurotten, die mit der Atombombe plötzlich gegeben ist, die unselige »Kommunistenhetze« in den USA und eine in vielen Punkten mörderische Justiz machen Sylvia Angst.

Als auch im Studium alles schief zu gehen scheint und sie eine Absage für einen Sommerkurs bei dem iri-

schen Schriftsteller Frank O'Connor erhält, gleitet Sylvia immer tiefer in eine Depression. Sie schläft schlecht und ist voller Angst. Sie kämpft gegen sich selbst, redet sich Mut zu und kann ihren Zustand dennoch nicht verbessern. Trotzdem gelingt ihr auch immer wieder eine überwache, hochsensible Selbstanalyse. »Hör auf, so egozentrisch an Rasierklingen und Selbstverwundungen zu denken, daran, zurückzutreten und Schluß zu machen. Dein Zimmer ist nicht das Gefängnis. Du bist es. Smith kann dich nicht heilen; keiner kann dich heilen, außer du dich selbst.«[11] Sylvias Mutter macht sich Sorgen und kümmert sich um einen Arzt für ihre Tochter. Der behandelt Sylvia mit Elektroschocks, auf die er seine Patientin nicht ausreichend vorbereitet. Sylvia wird nie fertig werden mit dem, was die Elektroschocks anrichten. Sie verstärken ihre Lebensangst, ihre Versagensängste, das Gefühl, gar nicht richtig da zu sein.

Ich rege mich nicht
Der Frost macht eine Blume,
Der Tau macht einen Stern,
Die Totenglocken, die toten Glocken.

Mit jemand ist es vorbei.[12]

Sylvia wird nie mehr so sein wie früher. Die Frage, ob es sich unter den gegebenen Umständen überhaupt noch lohnt, zu leben, lässt sie nicht mehr los. Ein Selbstmordversuch durch Schlaftabletten scheitert zwar, aber das Thema Selbsttötung bleibt als bedrohliche Möglichkeit im Raum. Nach einem Aufenthalt in einer renommierten Nervenklinik kann Sylvia im Februar 1954 das Studium wieder aufnehmen.

Nach außen hin scheint alles in Ordnung zu sein, Sylvia arbeitet intensiv und sie ist süchtig nach Erlebnissen, vor allem mit Männern. Sie lernt Richard Sasson kennen, einen Studenten der Geschichte: unkonventionell, intellektuell, philosophisch sehr gebildet. Sylvia sieht in ihm einen Retter und Gott. Ist er einmal nicht in der Nähe, so schreibt sie sehnsüchtige Briefe. Ihrer Mutter erzählt sie von diesen Liebesqualen nichts. Ihr gaukelt sie vor, alles, was sie brauche, sei permanentes hartes Arbeiten. »Mein Hauptinteresse in den nächsten ein, zwei Jahren ist es, mich soweit wie möglich zu entwickeln, im Wesentlichen herauszufinden, wo meine wirklichen Fähigkeiten liegen, vor allem beim Schreiben und beim Studium, um dann in Übereinstimmung mit meinem Talent und meinem Können mein Leben zu leben, als wäre es ein Spiel. Dies ist eine sehr wichtige Zeit für mich, und ich brauche soviel Raum und konzentriertes Alleinsein zum Arbeiten wie möglich.«[13] Was sie verschweigt, sind ihre Beziehungen zu drei verschiedenen Männern. Neben dem angebeteten Richard ist da noch ein Physikprofessor, den sie in »Die Glasglocke« unter dem Namen »Irwin« verewigen wird. Daneben schläft sie mit Gordon Lameyer, einem Studenten, den sie schon eine Weile kennt und der sie gern heiraten würde. Warum all diese mehr oder weniger leidenschaftlichen Affären? Sucht Sylvia das Abenteuer? Will sie Fluchtmöglichkeiten aus ihrem problematischen psychischen Zustand erproben? Inspirieren sie Erlebnisse dieser Art? Nancy Hunter Steiner, eine besonders gute College-Freundin, meint, Sylvia habe eine Art Glamour-Girl darstellen wollen, um abzulenken von den Qualen und der Mühe, die das Schreiben ihr bereiten. Trotz der inneren Widerstände schreibt sie aber im letzten Collegejahr 55 Gedichte und zwei Kurzgeschichten. Sie erhält Preise und kann in verschiedenen Magazinen veröffentlichen, ein Erfolg, den sie genießt. Ihrer Mutter schreibt sie davon, als gäbe es nichts Schöneres für sie als das momentane Leben mit Arbeit und dem Genuss des Erfolgs. Aber wer ist sie wirklich, wo hört der Schein auf, wo beginnt die Wahrheit ihrer Person?

Du Bist

Hanswursthaft, am glücklichsten auf deinen Händen,
Füße sternwärts, Schädel wie ein Mond,
Mit Fischkiemen und einem vernünftigen Daumen
  nach unten
Gegen die Lebensweise der ausgestorbenen Dronten.[14]

In dich selbst verwickelt wie eine Spule,
Dein Dunkel nachschleppend gleich einer Eule.
Stumm wie eine Rübe vom vierten Juli
Bis zum ersten April, mein aufgehendes
Kleines Brot.

Verschwommen wie Nebel und erwartet wie Post.
Weiter entfernt als Australien.
Krummrückiger Atlas, unsere bereite Krabbe.
Wohlig wie eine Knospe und zuhause
Wie eine Sprotte in einem Einmachglas.
Ein Fischkorb voll Aale, ganz kribblig.
Sprunghaft wie eine mexikanische Bohne.
Richtig wie eine gelöste Rechenaufgabe.
Eine blanke Schiefertafel, darauf deine eigenen Züge.[15]

Sylvia sieht sich in diesem Gedicht in vielen Facetten, spricht von den Masken und Clownerien, der Nervosität, sie ist dem Dunkel ausgesetzt, fern und nah, bürgerlich und unangepasst. Rätselhaft und vieldeutig ist die letzte Zeile des Gedichts. Auf einer blanken Schiefertafel sieht Sylvia sich selbst. Sie ist eigentlich unsichtbar und kann sich doch wahrnehmen. Vielleicht spielt sie in dieser Zeile wie in dem Bild von der »gelösten Rechenaufgabe« auf die anderen Leute an, die glauben, sie zu kennen, weil sie sich so gut anpasst. Für die gibt es kein Problem Sylvia, es ist ausgewischt worden. Und dennoch sind ihre wahren Züge hinter

der Fassade zu erkennen, wenn man nur genau hinschaut.

Im Juni 1955 macht sie ihr Abschlussexamen: Note
magna cum laude. Sie bekommt das Fulbright Stipendium für das Newnham College der Universität Cambridge in England. Etwas Besseres könnte ihr natürlich nicht passieren, denn das Stipendium stellt sie
finanziell sicher. Sie ist unendlich stolz und ruft sofort
ihre Mutter, die am Magen operiert werden muss, in
der Klinik an. Als man ihr sagt, die Mutter sei zu
schwach, um ans Telefon zu kommen, lautet Sylvias
kurze Antwort: »Sagen Sie meiner Mutter, meine
Nachricht wird ihr mehr als alles andere helfen.«[16] So
schafft sie es, dass die Kranke zum Telefon gebracht
wird.

Und nun Cambridge! Was Sylvia sich wieder alles
vorgenommen hat: lesen, schreiben, neue Bekannt-
schaften machen. Sie sieht gut aus, groß, schlank, mit
blond gefärbten Haaren. In der Liebe ist Richard Sasson weiterhin absoluter Favorit. Er hat begonnen, an
der Sorbonne in Paris zu studieren, und genießt seine
Freiheit, indem er neben Sylvia mehrere andere locke-
re Liebesbeziehungen hat. Sylvia aber bekommt langsam Panikanfälle, wenn sie sieht, dass ihre Freundinnen heiraten. All ihre Extravaganzen können nämlich
den Wunsch nach bürgerlichem Glück nicht ver-
decken. Richard ist damit gar nicht einverstanden,

nichts wünscht er sich weniger als eine Heirat. Sylvia tadelt ihn wegen seiner Untreue, lässt sich aber nichtsdestotrotz selber mit einem anderen Mann ein. Die neue Flamme, Peter Davison, ist Assistent des Leiters der Harvard University Press, was den Verdacht nahe legt, Sylvia erhoffe sich Vorteile von dieser Beziehung.

Aber all ihre vergangenen und gegenwärtigen Beziehungen zu Männern verblassen unter dem Eindruck, den im Februar 1956 ein Dichter namens Ted Hughes auf Sylvia macht. Sie lernt ihn auf einer Party kennen, nachdem sie bereits sehr viel getrunken hat und in einer Art rauschhaftem Hochgefühl dahinschwebt. »Dann geschah das Schlimmste, dieser große dunkle wunderbare Kerl, der einzige, der groß genug war für mich, der sich auf die Frauen stürzte und nach dessen Namen ich mich erkundigt hatte, gleich als ich ins Zimmer trat, ohne daß mir jemand eine Antwort gegeben hätte, kam herüber und schaute mir tief in die Augen, und es war Ted Hughes.«[17]

An ihre Mutter schreibt sie ebenfalls über ihre neue Bekanntschaft. »Ich habe den stärksten Mann auf der Welt getroffen, er ist Ex-Cambridger, ein großartiger Dichter, dessen Werk ich schon verehrte, bevor ich ihn traf, ein breiter, ungeschlachter, robuster Adam, halb Ire, mit einer Stimme wie der Donner Gottes – ein Sänger, Geschichtenerzähler, Löwe und Weltenbummler, ein ruheloser Vagabund.«[18]

Ted Hughes stammt aus Yorkshire, wo er schon früh eine literarische Förderung erhielt. Er liebt die Natur, jagt und fischt und interessiert sich für Mythen. Als er Sylvia kennen lernt, ist er 26 Jahre alt und weiß genau, dass es für ihn keinen anderen Beruf als den des Dichters gibt. Alles andere ordnet er diesem Ziel unter, also auch Freundschaft und Liebe. Das ist deshalb wichtig, weil Sylvia sehr bald schon darunter leiden wird, nicht die Nummer eins in Teds Leben zu sein. Er hat eine ziemlich altmodische Vorstellung von der Rollenverteilung zwischen Mann und Frau: auf der einen Seite der starke Eroberer und auf der anderen Seite das zahme Weibchen, das sich um Haushalt und Kinder zu kümmern hat. Obwohl Sylvia durch die Erfahrungen ihrer Mutter gewarnt sein müsste, heiratet sie Ted Hughes im Juni 1956, vier Monate nach der ersten Begegnung, in ganz kleinem Kreis in der Church of St. George in London. Ihre »Ode für Ted« spricht deutlich aus, was sie für diesen Mann empfindet, wie sehr sie ihn bewundert:

Auf seinen Blick hin tragen Äcker Duft:
Jedes fingergefurchte Feld
Treibt Halm, Blatt, knotigen Fruchtsmaragd;
Helles Korn, so spärlich gekeimt,
Zieht er so früh er will;
Vögel nisten aufs feste Geheiß' seiner Hand.

In seinem Wald ruhn Ringeltauben gut;

Der Stimmung seines Schlendergangs

Folgt ihr Gegurr; muß nicht sehr froh sein

Dieses Adams Frau, wenn

Alle Welt auf seinen Ruf aufspringt

Zu loben solchen Mannes Blut![19]

Ted wird in diesem Gedicht beschworen als einer, dem die Natur gehorcht. Sein Blick, die Berührung seiner Hand, sein Gang, alles an ihm ist Zeichen seiner Macht über Pflanzen und Tiere. Sylvia stimmt ein in den Lobeshymnus »aller Welt« auf den Dichter, ordnet sich unter und vergisst sich selbst und ihre Aufgabe fast ganz.

Im Juli geht das Paar auf Hochzeitsreise nach Italien und bereits hier scheinen die harmonischen Tage vorüber zu sein, schleicht sich Trennendes in die Ehe ein. Sylvia beschreibt in ihrem Tagebuch die Stimmung, ohne sich über Gründe für diese Verdüsterung zu äußern. »Und indess wächst das Falsche ständig, schleicht herein, erstickt das Haus, schlingt sich um Tische und Stühle und vergiftet Messer und Gabeln, verschmutzt das Trinkwasser mit dieser tödlichen Seuche. Stechend fällt die Sonne auf mißtrauische Augen, und die Welt ist verdorben jetzt, sauer wie eine Zitrone, über Nacht.«[20] Indem sie von dem »Falschen« spricht, gibt sie dem, was sich zwischen zwei Menschen zuträgt, den Anschein von etwas Allgemeinem. Sie tut so, als gäbe es »das Falsche«, als wäre es etwas, das sozusagen auf der Lauer liegt, in einem Hinterhalt, aus dem es jederzeit hervorspringen kann, um eine verheerende Wirkung zu entfalten.

Nach einem kurzen Zwischenaufenthalt in Paris kehren Sylvia und Ted nach Cambridge zurück und richten sich in einem nicht gerade noblen kleinen Appartement notdürftig ein. Sylvia hat sich bisher aus Angst vor einer Benachteiligung gescheut, dem Stipendien-Ausschuss etwas über ihre Heirat zu sagen, und nun, da sie es tut, wird ihr zwar bewilligt, ihr zweites Studienjahr abzuschließen, ohne jedoch später promovieren zu können. Als Sylvia ihr Examen beendet hat, beschließen sie und Ted deshalb, nach Amerika zu gehen.

Im Herbst 1957 kann Sylvia im Smith College, wo sie auch studiert hat, als Dozentin beginnen. Der Start ist nicht einfach, weil sie ja weiterhin schreiben will und zudem vom Ehrgeiz besessen ist, für ihren Mann einen perfekten Haushalt zu führen. Ted erntet viel Erfolg mit seinen Gedichten, denen er seine ganze Zeit widmen kann, weil er erst im Frühjahr 1958 mit einer Lehrtätigkeit beginnen muss. Sylvia ist gespalten zwischen heftigen Eifersuchtsgefühlen und einer enormen Selbstbeschwichtigung. »Deshalb konnte ich ihn heiraten, weil ich wußte, er ist der bessere Dichter als ich.«[21] Wie kommt sie darauf, sich so klein zu machen, hat sie doch auch berechtigte Gründe, sich zu beschweren? Ted nämlich ist, was Hausarbeit angeht, ein Totalverweigerer, für Sylvia eine Katastrophe, die sie aber hätte voraussehen können. Ihre Belastungen als Dozentin und Hausfrau lassen ihr fast keine Zeit zum Dichten. Ihr fehlt die Luft, in der sie frei atmen kann. »Ich kann nicht nur um des Lebens willen leben, sondern für die Wörter, die der unablässigen Veränderung widerstehen. Mein Leben, das spüre ich, wird nicht gelebt sein, bis Bücher und Geschichten existieren, die es immer wieder neu aufleben lassen.«²²

Sylvia lebt für die Dichtung, aber sie wird behindert und hindert sich selbst durch die Perfektion, mit der sie alle Anforderungen erfüllen will. Dabei hat sie so viele Pläne, möchte nicht nur Gedichte und Kurzgeschichten schreiben, sondern hat Ideen für einen Roman. Ihr Leben lang ringt sie um die angemessene Form für die Darstellung ihrer inneren Wirklichkeit. Dabei schwankt sie stets zwischen Lyrik und Prosa. Freunde des Paares vergessen indessen immer wieder, dass nicht nur Ted dichtet, sondern auch seine Frau. Das kann Sylvia so in Wut bringen, dass sie außer sich gerät und Möbel zerschlägt. Sie schafft es einfach nicht, die vielen verschiedenen Zuständigkeiten auf eine Weise zu organisieren, die ihr genügend Raum zum Schreiben lässt.

Robert Lowell, ein bekannter zeitgenössischer Lyriker, bietet an der Bostoner Universität einen Lyrikkurs an, den Sylvia besucht. Dort lernt sie eine Frau kennen, mit der sie bis zu ihrem Tod freundschaftlich verbunden bleiben wird: Anne Sexton. Auch Anne möchte Dichterin sein und leidet wie Sylvia an der Mehrfachbelastung, die bei ihr noch stärker ist, da sie zwei Kinder hat. Anne hatte schon Nervenzusammenbrüche, auch sie hat einen Selbstmordversuch hinter sich, worüber die beiden sich relativ zwanglos unterhalten, will man den Ausführungen von Anne glauben: »Oft, sehr oft unterhielten Sylvia und ich uns lange über unsere ersten Selbstmordversuche; das geschah ausführlich, in allen Einzelheiten und gründlich, während wir die kostenlosen Kartoffelchips knabberten.«[23]

Nachdem Ted ein Guggenheim-Stipendium bekommen hat, beschließen er und Sylvia, nach England zurückzukehren. Der Gedanke daran bringt Sylvia so in Hochstimmung, dass sie sogar einen Zyklus witziger Gedichte schreibt. Am 3. Mai 1959 notiert sie in ihrem Tagebuch: »Das *Bett-Buch* von Sylvia Plath. Lustig, wie ich frei wurde, als ich daran arbeitete.«[24] Zehn phantastische Betten sind das Thema der Gedichte.

> *Meist sind Betten: Betten*
> *Für den Schlaf und für die Ruh*
> *Die* besten *Betten aber sind:*
> *Viel interessanter – hör mal zu!*

Nicht nur so'n weißes bißchen
Rundum gestopftes bißchen
Mitternachtnächtliches bißchen
Machs-Licht-aus-ein-bißchen
Bett –[25]

Zur gleichen Zeit überlegen Sylvia und Ted, ob es nicht schön wäre, ein Kind zu haben. Kurzerhand entscheiden sie sich dafür. Sylvia ist schon schwanger, als sie und ihr Mann im Herbst 1959 einen zweimonatigen Aufenthalt in der Künstlerkolonie Yaddo in Saragota Springs genießen. Wie gespannt ihre Psyche aber auch hier ist, zeigen die unterschiedlichen Äußerungen in Briefen an die Mutter und in den Tagebuchaufzeichnungen. Zur Mutter spricht sie von wundervollen Stunden voller Frieden und glücklicher Arbeit. Daneben füllt sie die Tagebuchseiten mit Analysen depressiver Verstimmungen und schrecklicher Träume. Ihr Selbst ist nach wie vor das größte Rätsel für Sylvia. Die Frage, wer sie sei, woher sie komme, wie sie die Arbeit und das Leben schaffen könne, lässt ihr keine Ruhe, da kann die Umgebung noch so schön sein. Der pure Genuss des Augenblicks gelingt ihr nie. Immer bleibt ein Rest. Aber ihre Kreativität scheint gerade das zu brauchen, eine solch angespannte Psyche, in der es brodelt und kocht. Was das Schreiben betrifft, so erlebt Sylvia nämlich in Yaddo einen wahren Schaffensrausch. Die erneute Auseinandersetzung mit der

Kindheit, mit dem Vater und ihrem Selbstmordversuch findet sich in den Gedichten wieder. In »The Colossus« zum Beispiel verwandelt sie ihren Vater in eine in Stücke zerborstene Statue:

Nie werd ich dich ganz zusammenfügen können,
Zerstückt, geflickt und anständig verfugt.
Ein störrisch abgebrochner Schrei, Schweinegegrunz
Und ungezogenes Geschnatter
Bricht dir aus deinen großen Lippen.
Gräßlicher noch als auf dem Hühnerhof.[26]

Sylvias ganz eigene Ausdrucksweise hat in Yaddo den letzten Schliff bekommen. Eigentlich könnte sie beruhigt und zufrieden nach England gehen, wenn nicht ihre Selbstzweifel wären und wenn nicht die Misere ihrer Ehe immer deutlicher zutage treten würde. Ted ist und bleibt ein harter Brocken, ein eigenwilliger, egoistischer, mit sich selbst beschäftigter Dichter, der keine Rücksicht nimmt, alles seiner Arbeit unterordnet. Damit reizt er Sylvia, ihre Unzufriedenheit an ihm auszulassen, was ihr dann wieder Leid tut, weil sie ja eine auf Harmonie bedachte Person ist. Niemand soll merken, wie es in ihrem Innern aussieht.

Äußerlich hat sie sich verändert, ist nicht mehr so sehr darauf bedacht, attraktiv zu sein. Sie blondiert das Haar nicht mehr und macht auf andere den Eindruck einer Frau, die sich im Griff hat. Ihre Verwundbarkeit und die Aggressionen, die sie mit aller Gewalt zu verbergen sucht, brechen aber doch einige Male durch. So bei einem Besuch von Teds Schwester. Sylvia benutzt einfach deren Bademantel und bewahrt ihn danach im eigenen Schrank auf, ohne ein Wort zu sagen. Teds Mutter, die das Kleidungsstück genäht hat, weiß keinen anderen Weg, als für Sylvia einen zweiten Bademantel zu nähen. Eine groteske Angelegenheit, die zeigt, wie schwierig es sein kann, mit Sylvia auszukommen, wie verzwickt und undurchschaubar ihr Verhalten oft ist.

Die kleine Dreizimmerwohnung in London reicht nicht für zwei eigenwillige, egozentrische Künstler. Hinzu kommt, dass Ted auch weiterhin den größeren Erfolg hat mit seinen Gedichten. Der große gut aussehende Mann mit dem markanten Gesicht verschafft sich schon aufgrund seiner beherrschenden äußeren Erscheinung Autorität.

Die Geburt eines Mädchens am 1. April 1960 verbessert die Situation nicht, im Gegenteil. Sylvias Eifersucht wächst ins Unermessliche, so dass sie in geschwächtem Zustand mit einem Neugeborenen auf Cocktailpartys geht, nur um ihren Mann nicht aus den Augen lassen zu müssen.

Sie leidet darunter, in der Wahrnehmung von Freunden und Bekannten wieder reduziert zu werden auf ihre Rolle als Gattin des großen Dichters Ted Hughes und als Mutter seiner Tochter. Obwohl im

Oktober ein Gedichtband erscheint, kann sie sich nicht richtig freuen, denn sie gewinnt nicht wie Ted Preise. Auch die Kritiken sind nicht so, wie Sylvia es sich wünscht.

Trotz der sich verkomplizierenden Beziehung zu Ted wird Sylvia im Dezember aber schon wieder schwanger. Es ist, als zöge sie ihr Unglück förmlich an. Dennoch ist auch wieder bezeichnend, wie scharf Sylvia ihre Lage analysiert. »Gefährlich, Ted tagein tagaus so nah zu sein. Ich habe kein von ihm getrenntes Leben, werde wohl zu seinem bloßen Anhängsel werden. Ich brauche ein Leben, das mir innerlich hilft.«[27]

Eine Fehlgeburt im Februar 1961 verstärkt Sylvias Neigung zu Überreaktionen. Als eine Redakteurin zu Hause anruft, um einen Termin für ein Interview mit Ted auszumachen, wittert Sylvia eine Affäre. Am anderen Ende der Leitung sieht sie in ihrer Phantasie eine attraktive junge Frau, die es auf ihren Mann abgesehen hat. Aus Wut und Hysterie verbrennt sie Entwürfe neuer Arbeiten, die sie auf Teds Schreibtisch findet. In Anfällen von Eifersucht versucht sie, Ted tödlich zu verletzen, indem sie seine Arbeit, die ihm wie sonst nichts am Herzen liegt, zerstört.

Zu dieser Zeit beginnt Sylvia ihren autobiographischen Roman »Die Glasglocke«. Wie war das wirklich mit dem Selbstmordversuch vom Sommer 1953? Was ging ihm voraus, mit welchen Konflikten hatte Sylvia zu kämpfen? Die Fragen quälen sie, und deshalb versucht sie, einer Antwort näher zu kommen, indem ihr diese Lebensphase als Stoff für den Roman dient. Wenn sie nur irgend Zeit findet, schreibt sie wie besessen. Ihre Mutter kommt oft zu Besuch und hütet die kleine Enkeltochter. Manchmal – aber wie selten! – kümmert sich auch Ted um das Kind. Seine Frau geht dann für ein paar Stunden zu Freunden und arbeitet dort. Für Sylvia ist die intensivste Schaffenszeit ihres Lebens angebrochen. Neben dem Roman entstehen die Gedichte, die sie berühmt machen und nach ihrem Tod unter dem Titel »Ariel« veröffentlicht werden. All das, was sie erfahren hat, die Widersprüche, die sie fast zerreißen, solange sie zurückdenken kann, und der ewige Kampf mit sich selbst und der Gesellschaft, die es einer jungen Frau schwer macht, sind die Themen, an denen sie sich abarbeitet.

Sylvia ist wieder schwanger. Diesmal scheint es besser zu gehen, die Beschwerden sind gering, aber die Schwangerschaft macht den Eheleuten einmal mehr deutlich, dass sie sich unbedingt nach einer größeren Wohnung umschauen müssen. Undenkbar, welch ein Chaos es nach der Geburt des Kindes geben würde. Sylvia und Ted haben Glück: Sie finden im Sommer 1961 in Devon an der Südküste Englands ein Haus auf dem Land, das sie sich leisten können und das ihnen zudem ausgezeichnet gefällt. Zehn Zimmer, ein Hof mit Kopfsteinpflaster, ein großer Rasenplatz und neben dem Haus eine Kirche, alles uralt, zum Teil aus dem 11. Jahrhundert, wunderbar überwuchert: unvorstellbar, einen idealeren Lebens- und Arbeitsort zu finden.

Bereits während der Zeit des Umzugs beendet Sylvia die erste Fassung ihres Romans. Sie notiert neben eine Tagebucheintragung vom 12. Dezember 1958, in der sie sich gefragt hat, warum sie keinen Roman schreibe: »Hab ich doch! 22. August 1961: Die Glasglocke.«[28] Der Mutter erzählt Sylvia von diesem Werk nichts, wohl in Angst davor, ihr zu viel an Auseinandersetzung mit der Vergangenheit ihrer Tochter zuzumuten. Sie beschließt, dass der Roman unter dem Pseudonym Victoria Lucas – nach Teds Lieblingscousine Victoria und seinem Freund Lucas Myers – erscheinen soll. Sylvia glaubt, sich schützen zu müssen vor der Hyäne Öffentlichkeit. Immerhin hat sie eine düstere Episode ihres eigenen Lebens geschildert und die Mutter offen porträtiert.

Am 17. Januar 1962 kommt das zweite Kind, Nicolas Farrar, zur Welt. Die Geburt verläuft dramatisch, aber Sylvia ist glücklich, nachdem alles überstanden ist, und erholt sich rascher als beim ersten Mal. Doch in der Ehe häufen sich wieder die Probleme, Sylvias Eifersucht steigert sich, als Ted immer öfter nach London fährt, ohne genau zu sagen, weshalb. In Teds

Texten wimmelt es von Hinweisen auf eine Grund-
situation seiner Ehe mit Sylvia: Er arbeitet sehr oft
mit dem Bild eines Mannes, der von einer Frau seiner
Freiheit beraubt und in die Enge getrieben wird. Offenbar beginnt Ted unter Sylvias wachsender Eifersucht zu leiden. Sie steht wie ein Block zwischen den
beiden und ist im Begriff, sich zu einem Monster aus-
zuwachsen, das den letzten Rest an Liebe und Ge-
sprächsbereitschaft frisst. Sylvia reagiert mit dem Gedicht »Der Kaninchenfänger«. Ted ist für sie zu einem
Mann geworden, dem es Freude macht, Frauen mit
einer Schlinge zu fangen.

Es gab nur einen Ort, wohin man hätte gehen können.
Brodelnd, duftend,
Die Wege nähern sich der Höhle.
Die Fallstricke lösen sich fast von selbst –
Ein hohles Nichts.[29]

Sylvia ist nicht mehr in der Lage, einigermaßen gerecht mit Ted umzugehen. Ihre Gedanken irren wie
aufgescheuchte Vögel durch die Luft und finden keinen Platz zum Landen. Ihre Antwort heißt Verzweiflung und Aggression. Eines Tages macht sie im Garten
ein großes Feuer und wirft Briefe und Gedichtmanus-
kripte von Ted hinein. Die Eifersucht ist auf dem
Höhepunkt angelangt. Im Herbst 1962 scheint es keine Möglichkeit mehr zu geben, die Ehe noch zu ret-

ten. Obwohl Sylvia in alter Gewohnheit nach außen hin Harmonie vortäuscht, läuft in Wirklichkeit alles aus dem Gleis. Ted verbringt die meiste Zeit in London. Dass Sylvias Gedanken immer öfter wieder um Tod und Selbstmord kreisen, beweist ihr Gedicht »Lady Lazarus«, in dem es heißt:

> *Sterben*
> *Ist eine Kunst, wie alles.*
> *Ich kann es besonders schön.*[30]

Sylvia weiß genau, was mit ihr los ist. Der Tod ist etwas, das nicht jeder einfach auf sich nehmen darf. Sterben hat mit Aktivität, mit Wollen und mit Können zu tun. So grausam es klingt, aber selbst hier verlässt der Ehrgeiz die Dichterin nicht. Selbst im Sterben hat der Mensch eine Leistung zu vollbringen und auf ihre besonders kunstvolle Art, das zu tun, ist Sylvia stolz.

Ted verlässt seine Familie, und Sylvia sieht keinen anderen Weg, als das Haus zu verkaufen und nach London zu ziehen.

Wie muss es in ihr aussehen? All die hohen Vorstellungen, die sie von einer Ehe hatte, sind an der Wirklichkeit gescheitert. Sylvia sitzt inmitten eines Trümmerfeldes, aber wie immer darf an der schönen Fassade nicht gekratzt werden. Was also schreibt sie ihrer Mutter: »Wie bin ich glücklich, daß ich zwei schöne Kinder und meine Arbeit habe!«[31] Ihre Gesundheit aber schlägt ihr ein Schnippchen. Die Grippeanfälle häufen sich und vielleicht sind sie ein Zeichen der schlechten Gesamtkonstitution von Sylvia. So ganz lässt sich ihre prekäre Situation nicht unter den Tisch kehren. Sylvia und die Kinder leiden unter dem klirrend kalten Winter 1962/63. Sie wechseln einander im Kranksein ab. Bei Sylvia zeigen sich wieder starke Depressionen. Ihr Arzt verschreibt ihr Antidepressiva, auf die sie anzusprechen scheint. Vormittags schreibt sie regelmäßig an den »Ariel«-Gedichten. Hellsichtig hat sie in ihrem Roman geschrieben, dass für den Menschen in der Glasglocke »die Welt selbst der schlechteste Traum« sei. Diesem schlechten Traum ist sie nie entkommen, weil er zu ihrem Leben gehört als immer während Last, nicht abzuschütteln. »Aber das alles war ein Teil von mir. Es war meine Landschaft.«[32] Für das, was die Dichterin umtreibt, sucht sie die richtigen Worte, lässt sie ihre Gedichte entstehen. Sie weiß, dass die Worte da sind, darauf warten, gefunden zu werden, und dass es letztlich die Sprache ist, die ihr Leben bestimmt.

Worte, trocken und reiterlos,
Der unermüdliche Hufschlag.
Aber
Unverrückbare Sterne vom Grund des Teiches
Lenken ein Leben.[33]

265

Im Januar 1963 erscheint »Die Glasglocke« in England unter dem von Sylvia gewählten Pseudonym. Die Kritiken sind nicht euphorisch. Die Rezensenten der großen Zeitungen bemängeln die allzu starke persönliche Färbung des Buchs. Zwei von Sylvia angeschriebene amerikanische Verlage lehnen »Die Glasglocke« mit der Begründung ab, es handle sich nicht um einen Roman, sondern um eine »Fallstudie«. Sylvia reagiert entmutigt, fühlt sich unverstanden. Alles scheint ihr misslungen zu sein.

Der Morgen des 11. Februar 1963 bricht an. Sylvia Plath füllt zwei Tassen mit Milch und stellt sie neben die Betten ihrer noch schlafenden Kinder. Sie geht in die Küche zurück, dichtet die Fugen der Küchentür ab, nimmt eine Überdosis Schlaftabletten und steckt den Kopf in die Backröhre, nachdem sie das Gas aufgedreht hat. Der Anspruch, den sie an sich gestellt hat, ist zu hoch gewesen. Immer war die Angst vor dem Versagen da. Jetzt sind die inneren Spannungen so groß, dass Sylvia nicht weiter mit ihnen leben kann. Auch die Gedichte bieten keine Zuflucht mehr. Sie »kann« nur noch sterben.

Sylvia Plaths Roman »Die Glasglocke« wird nach ihrem Tod zu einer Art »Kultbuch«, in dem viele junge Frauen die Probleme angesprochen finden, die ihnen allen zu schaffen machen: das Zerrissensein zwischen den tausend Ansprüchen, denen sie gerecht werden müssen. Sie sollen gute Hausfrauen und Mütter sein, eine umfassende Bildung und Erfolg im Beruf haben, sie müssen hübsch aussehen und perfekt gekleidet sein, stets freundlich, aber ja nicht flach, und natürlich attraktiv und sexy. Die Dichterin Sylvia Plath ist an diesen Forderungen zerbrochen und hat deren Absurditäten in ihrem Werk schonungslos entlarvt. Sich selbst konnte sie damit nicht retten.

Die Frau ist vollendet.
Ihr toter

Körper trägt das Lächeln des Erreichten.
Der Anschein einer griechischen Notwendigkeit

Fließt in den Schnörkeln ihrer Toga,
Ihre bloßen

Füße scheinen zu sagen: Wir kamen bis
Hierher, es ist vorbei.[34]

Quellenverzeichnis

Sappho

1 Eva Demski, Das Meer hört zu mit tausend Ohren. Frankfurt am Main: Insel Verlag 1995, S. 12
2 ebd., S. 20
3 Sappho, Strophen und Verse. Übersetzt und herausgegeben von Joachim Schickel. Frankfurt am Main: Insel Verlag 1978, S. 51
4 Sappho in: Raoul Schrott, Die Erfindung der Poesie. Frankfurt am Main: Eichborn Verlag 1997, S. 131
5 Sappho in: Marion Giebel, Sappho. Reinbek: Rowohlt Taschenbuch Verlag 1998, S. 116
6 Sappho, a.a.O., S. 9
7 ebd., S. 53
8 Sappho in: Marion Giebel, a.a.O., S. 53
9 Sappho, a.a.O., S. 17
10 Kypris ist ein anderer Name für Aphrodite.
11 Die Nereiden sind Meergöttinnen.
12 Sappho, a.a.O., S.12
13 Sappho in Marion Giebel, a.a.O., S. 115
14 Marion Giebel, a.a.O., S. 118
15 Sappho, a.a.O., S. 29
16 Sappho in: Raoul Schrott, a.a.O., S. 124
17 ebd.
18 ebd., S. 120
19 Sappho, a.a.O., S. 33
20 ebd., S. 41
21 Sappho in: Raoul Schrott, a.a.O., S. 120

Gedichte von Sappho

Strophen und Verse. Übersetzt und herausgegeben von Joachim Schickel. Frankfurt am Main: Insel Verlag 1978

Raoul Schrott, Die Erfindung der Poesie. Frankfurt am Main: Eichborn Verlag 1997

Bücher über Sappho (darin weitere Gedichte)

Eva Demski, Das Meer hört zu mit tausend Ohren. Frankfurt am Main: Insel Verlag 1995

Marion Giebel, Sappho. Reinbek: Rowohlt Taschenbuch Verlag 1998

Siegfried Obermeier, Sappho. München: Nymphenburger Verlag 2001

1 Annette von Droste-Hülshoff, Sämtliche Gedichte. Frankfurt am Main: Insel Verlag 1992, S. 118
2 ebd., S. 594
3 ebd., S. 79
4 ebd., S. 611
5 Barbara Beuys, Das Leben der Annette von Droste-Hülshoff. München, Wien: Carl Hanser Verlag 2000, S. 83
6 ebd., S. 87
7 ebd., S. 92
8 Annette von Droste-Hülshoff, Sämtliche Gedichte, a.a.O., S. 643
9 Annette von Droste-Hülshoff, Sämtliche Briefe Teil I. München: Deutscher Taschenbuch Verlag 1996, S. 49
10 Annette von Droste-Hülshoff, Sämtliche Gedichte, a.a.O., S. 577
11 ebd., S. 413
12 ebd., S. 404
13 ebd., S. 433
14 ebd., S. 436
15 Barbara Beuys, a.a.O., S. 171
16 Annette von Droste-Hülshoff, Sämtliche Erzählungen. Frankfurt und Leipzig: Insel Verlag 1993, S. 36
17 ebd., S. 5
18 Annette von Droste-Hülshoff, Sämtliche Briefe Teil II, a.a.O., S. 77
19 ebd., S. 181
20 Annette von Droste-Hülshoff, Sämtliche Gedichte, a.a.O., S. 118
21 ebd., S. 325
22 ebd., S. 53
23 Annette von Droste-Hülshoff, Sämtliche Briefe Teil I, a.a.O., S. 169
24 ebd., S. 236
25 Annette von Droste-Hülshoff, Sämtliche Gedichte, a.a.O., S. 395
26 ebd., S. 76
27 ebd., S. 78f.
28 Annette von Droste-Hülshoff, Sämtliche Briefe Teil II, a.a.O., S. 296
29 ebd., S. 387f.
30 ebd., Teil III, S. 14
31 ebd., S. 56
32 Barbara Beuys, a.a.O., S. 321
33 Annette von Droste-Hülshoff, Sämtliche Gedichte, a.a.O., S. 373f.
34 Annette von Droste-Hülshoff, Sämtliche Briefe Teil III, a.a.O., S. 298
35 Barbara Beuys, a.a.O., S. 368
36 Annette von Droste-Hülshoff, Sämtliche Briefe Teil III, a.a.O., S. 423

Bücher von Annette von Droste-Hülshoff

Sämtliche Gedichte. Frankfurt am Main: Insel Verlag 1992
Sämtliche Briefe. München: Deutscher Taschenbuch Verlag 1996

Die Judenbuche. München: Deutscher Taschenbuch Verlag 1997
Die Judenbuche. Mit Materialien. Paderborn: Verlag Ferdinand Schöningh 1999
Sämtliche Erzählungen. Frankfurt am Main und Leipzig: Insel Verlag 1993
Sämtliche Werke in zwei Bänden. Düsseldorf: Patmos Verlag 1989

Bücher über Annette von Droste-Hülshoff

Herbert Kraft, Annette von Droste-Hülshoff. Reinbek: Rowohlt Verlag 1999
Winfried Freund, Annette von Droste-Hülshoff. München: Deutscher Taschenbuch Verlag 1997
Barbara Beuys, Blamieren mag ich mich nicht. München: Carl Hanser Verlag
1999

Emily Dickinson

1 Bettina L. Knapp, Emily Dickinson. New York: Frederick Ungar Verlag
   1989, S. 21 (übersetzt von Ingeborg Gleichauf)
2 ebd., S. 23 (übersetzt von Ingeborg Gleichauf)
3 Emily Dickinson, Guten Morgen, Mitternacht. Übersetzt von Lola Gruenthal. Berlin: Henssel Verlag 1992, S. 21
4 Cynthia Griffin Wolff, Emily Dickinson. New York: Alfred A. Knopf Verlag
   1986, S. 104 (übersetzt von Ingeborg Gleichauf)
5 Emily Dickinson, a.a.O., S. 29
6 ebd., S. 388
7 ebd., S. 41
8 ebd., S. 67
9 Emily Dickinson, Gedichte. Übersetzt von Gertrud Liepe. Stuttgart: Reclam
   Verlag 1970, Seite 77
10 Cynthia Griffin Wolff, a.a.O., S. 252 (übersetzt von Ingeborg Gleichauf)
11 Emily Dickinson, a.a.O., S. 90, (Guten Morgen Mitternacht)
12 ebd., S. 92
13 ebd., S. 102f.
14 ebd., S. 103
15 ebd., S. 107
16 ebd., S. 29
17 Cynthia Griffin Wolff, a.a.O., S. 401 (übersetzt von Ingeborg Gleichauf)
18 Emily Dickinson, a.a.O., S. 13
19 ebd., S. 35
20 ebd., S. 124f.
21 ebd., S. 45

Bücher von Emily Dickinson

Guten Morgen, Mitternacht. Gedichte & Briefe. Übersetzt von Lola Gruenthal.
Berlin: Henssel Verlag 1992
Gedichte. Englisch/deutsch. Übersetzt von Gertrud Liepe. Stuttgart: Reclam
Verlag 1970

Bücher über Emily Dickinson
Bettina L. Knapp, Emily Dickinson. New York: Frederick Ungar Verlag 1989
Cynthia Griffin Wolff, Emily Dickinson. New York: Alfred A. Knopf Verlag
1986

Else Lasker-Schüler

1 Else Lasker-Schüler, Prosa und Schauspiele. München: Kösel Verlag 1962,
   S. 532
2 ebd., S. 760
3 ebd., S. 648
4 Else Lasker-Schüler, Die Gedichte. Frankfurt am Main: Suhrkamp Verlag
   1997, S. 14
5 Else Lasker-Schüler, Prosa und Schauspiele, a.a.O., S. 76
6 ebd., S. 9
7 Else Lasker-Schüler, Die Gedichte, a.a.O., S. 9
8 ebd., S. 25
9 ebd., S. 164
10 Gottfried Benn, Gesammelte Werke Band 4. Wiesbaden: Limes Verlag 1968,
   S. 1102
11 Else Lasker-Schüler, Die Gedichte, a.a.O., S. 206
12 ebd., S. 255
13 Erika Klüsener, Else Lasker-Schüler. Reinbek: Rowohlt Taschenbuch Verlag
   1980, S. 97
14 Else Lasker-Schüler, Die Gedichte, a.a.O., S. 270
15 ebd., S. 287
16 ebd., S. 292
17 ebd., S. 311
18 Erika Klüsener, a.a.O., S. 109
19 Else Lasker-Schüler, Prosa und Schauspiele, a.a.O., S. 789
20 ebd., S. 798
21 Else Lasker-Schüler, Die Gedichte, a.a.O., S. 347
22 Erika Klüsener, a.a.O., S. 116
23 Else Lasker-Schüler, Die Gedichte, a.a.O., S. 337
24 ebd., S. 350

Bücher von Else Lasker-Schüler:
Prosa und Schauspiele. München: Kösel Verlag 1962
Die Gedichte. Frankfurt am Main: Suhrkamp Verlag 1997
Gesammelte Werke in vier Bänden. Frankfurt am Main: Suhrkamp Verlag 2001
Hebräische Balladen. Frankfurt am Main: Jüdischer Verlag 2000
Konzert. Frankfurt am Main: Suhrkamp Verlag 2000

Bücher über Else Lasker-Schüler

Erika Klüsener, Else Lasker-Schüler. Reinbek: Rowohlt Taschenbuch Verlag 1980
Gottfried Benn, Gesammelte Werke Band 4. Wiesbaden: Limes Verlag 1968
Sigrid Bauschinger, Else Lasker-Schüler. Heidelberg: Lothar Stiehm Verlag 1980
Helma Sanders-Brahms, Gottfried Benn und Else Lasker-Schüler. Reinbek: Rowohlt Taschenbuch Verlag 1998

Marina Zwetajewa

1   Marina Zwetajewa, Ausgewählte Werke Band 2. herausgegeben von Edel Mirowa-Florin. München, Wien: Carl Hanser Verlag 1989, S. 114
2   ebd., S. 124
3   ebd., S. 45
4   Elaine Feinstein, Marina Zwetajewa. Frankfurt am Main: Frankfurter Verlagsanstalt 1990, S. 60
5   Marina Zwetajewa, Ausgewählte Werke Band 3, a.a.O., S. 13
6   ebd., S. 14
7   Elaine Feinstein, a.a.O., S. 65
8   Marina Zwetajewa, Ausgewählte Werke Band 1, a.a.O., S. 30
9   Elaine Feinstein, a.a.O., S. 82
10 ebd., S. 83f.
11 ebd., S. 86
12 ebd., S. 93
13 Marina Zwetajewa, Vogelbeerbaum. München: Deutscher Taschenbuch Verlag 1999, S. 27
14 Elaine Feinstein, a.a.O., S. 58
15 ebd., S. 107
16 ebd., S. 111
17 Marina Zwetajewa, Ausgewählte Werke Band 1, a.a.O., S. 58
18 ebd., S. 119
19 Marina Zwetajewa, Auf eigenen Wegen. Frankfurt am Main: Suhrkamp Verlag 1997, S. 115
20 Marina Zwetajewa, Ausgewählte Werke Band 1, a.a.O., S. 62
21 ebd., S. 42
22 ebd., S. 33
23 Elaine Feinstein, a.a.O., S. 94
24 ebd., S. 83
25 Marina Zwetajewa, Ausgewählte Werke Band 1, a.a.O., S. 102
26 Marina Zwetajewa, Auf eigenen Wegen, a.a.O., S. 124
27 Elaine Feinstein, a.a.O., S. 170
28 ebd., S. 173
29 Marina Zwetajewa, Ausgewählte Werke Band 1, a.a.O., S. 91
30 Elaine Feinstein, a.a.O., S.196
31 ebd., S. 205
32 ebd., S. 213f.

33 ebd., S. 259
34 Marina Zwetajewa, Ausgewählte Werke Band 1, a.a.O., S. 155f.
35 ebd., Band 2, a.a.O., S. 161
36 ebd., S. 196
37 Marija Belkina, Die letzten Jahre der Marina Zwetajewa. Frankfurt am Main und Leipzig: Insel Verlag 1991, S. 70f.
38 Elaine Feinstein, a.a.O., S. 328
39 Marina Zwetajewa, Ausgewählte Werke Band 1, a.a.O., S. 198
40 Elaine Feinstein, a.a.O., S. 341
41 ebd., S. 327f.

Bücher von Marina Zwetajewa

Ausgewählte Werke in vier Bänden. Herausgegeben von Edel Mirowa-Florin. München, Wien: Carl Hanser Verlag 1989
Vogelbeerbaum. Ausgewählte Gedichte. München: Deutscher Taschenbuch Verlag 1999
Auf eigenen Wegen. Frankfurt am Main: Suhrkamp Verlag 1997
Ein Abend nicht von dieser Welt. Frankfurt am Main: Suhrkamp Verlag 1999
Im Feuer geschrieben. Frankfurt am Main: Suhrkamp Verlag 1996
Zwischen uns die Doppelklinge. Ditzingen: Reclam Verlag 1994

Bücher über Marina Zwetajewa

Elaine Feinstein, Marina Zwetajewa. Frankfurt am Main: Frankfurter Verlagsanstalt 1990
Marija Belkina, Die letzten Jahre der Marina Zwetajewa. Frankfurt am Main und Leipzig: Insel Verlag 1991

Djuna Barnes

1   Andrew Field, Djuna Barnes. Frankfurt am Main: Frankfurter Verlagsanstalt 1992, S. 358
2   Kyra Stromberg, Djuna Barnes. Frankfurt am Main: Fischer Taschenbuch Verlag 1992, S. 20
3   Djuna Barnes, New York. Geschichten und Reportagen aus einer Metropole. Berlin: Wagenbach Verlag 1987, S. 10
4   Andrea Barnet, Crazy New York. Berlin: Edition Ebersbach 2001, S. 121
5   ebd.
6   Andrew Field, a.a.O., S. 90
7   Kyra Stromberg, a.a.O., S. 25
8   Andrew Field, a.a.O., S. 121
9   Djuna Barnes, Paris, Joyce, Paris. Berlin: Wagenbach Verlag 1988, S. 9
10 Andrea Weiss, Paris war eine Frau. Reinbek: Rowohlt Taschenbuch Verlag 2000, S. 21
11 ebd., S. 58
12 Djuna Barnes, Ryder. Frankfurt am Main: Suhrkamp Verlag 1989, S. 125

13 ebd., S. 93
14 Andrea Weiss, a.a.O., S. 149
15 Djuna Barnes, Eine Nacht mit den Pferden. Berlin: Wagenbach Verlag 1999,
     S. 285
16 Djuna Barnes, Nachtgewächs. Frankfurt am Main: Suhrkamp Verlag 1987,
     S. 67
17 ebd., S. 68
18 ebd., S. 72
19 ebd., S. 159
20 Kyra Stromberg, a.a.O., S. 98
21 Andrew Field, a.a.O., S. 354
22 ebd., S. 114
23 ebd., S. 115
24 ebd., S. 118
25 Djuna Barnes, Die Frau, die auf Reisen geht, um zu vergessen. Berlin: Wa-
     genbach Verlag 1991, S. 51
26 Andrew Field, a.a.O., S. 354
27 Kyra Stromberg, a.a.O., S. 129
28 ebd., S. 133
29 ebd., S. 132
30 ebd., S. 135
31 ebd., S. 142
32 Andrew Field, a.a.O., S. 359
33 Kyra Stromberg, a.a.O., S. 150

Bücher von Djuna Barnes

Ryder. Frankfurt am Main: Suhrkamp Verlag 1989
Nachtgewächs. Frankfurt am Main: Suhrkamp Verlag 1987
Solange es Frauen gibt, wie sollte da etwas vor die Hunde gehen. Berlin: Wagen-
   bach Verlag 1988
Paris, Joyce, Paris. Berlin: Wagenbach Verlag 1988
Saturnalien. Berlin: Wagenbach Verlag 1987
Antiphon. Frankfurt am Main: Suhrkamp Verlag 1985
Eine Nacht mit den Pferden. Berlin: Wagenbach Verlag 1999
Hinter dem Herzen. Berlin: Wagenbach Verlag 1996

Bücher über Djuna Barnes

Kyra Stromberg, Djuna Barnes. Frankfurt am Main: Fischer Taschenbuch Verlag
   1992
Andrew Field, Djuna Barnes. Frankfurt am Main: Frankfurter Verlagsanstalt
   1992
Andrea Weiss, Paris war eine Frau. Reinbek: Rowohlt Taschenbuch Verlag 2000
Andrea Barnet, Crazy New York. Berlin: Edition Ebersbach 2001

1   Anne Stevenson, Sylvia Plath. Frankfurt am Main: Fischer Taschenbuch Verlag 1992, S. 39
2   Sylvia Plath, Ariel. Frankfurt am Main: Suhrkamp Verlag 1974, S. 109
3   Anne Stevenson, a.a.O., S. 25f.
4   Joseph McCarthy (1909-57): seit 1947 republikanischer Senator. Führte eine groß angelegte antikommunistische Kampagne, die sich vor allem gegen Regierungsbeamte, Künstler und Intellektuelle richtete.
5   Sylvia Plath, Briefe nach Hause. München, Wien: Carl Hanser Verlag 1979, S. 36
6   Sylvia Plath, Die Tagebücher. München: Piper Verlag 1999, S. 36
7   ebd., S. 52
8   ebd., S. 57
9   ebd., S. 119
10 Sylvia Plath, Die Glasglocke. Frankfurt am Main: Suhrkamp Verlag 1987
11 Sylvia Plath, Die Tagebücher, a.a.O., S. 125
12 Sylvia Plath, Ariel, a.a.O., S. 69
13 Sylvia Plath, Briefe nach Hause, a.a.O., S. 145
14 Dronten: im 17. und 18. Jh. ausgerottete Familie flugfähiger, plumper Vögel von Schwanengröße auf Inseln östlich von Madagaskar
15 Sylvia Plath, Ariel, a.a.O., S. 113
16 Anne Stevenson, a.a.O., S. 115
17 Sylvia Plath, Die Tagebücher, a.a.O., S. 159
18 Sylvia Plath, Briefe nach Hause, a.a.O., S. 239
19 ebd., S. 242f.
20 Sylvia Plath, Die Tagebücher, a.a.O., S. 204
21 ebd., S. 240
22 ebd., S. 230
23 Anne Stevenson, Sylvia Plath, a.a.O., S. 265
24 Sylvia Plath, Die Tagebücher, a.a.O., S. 410
25 Anne Stevenson, Sylvia Plath, a.a.O., S. 275
26 ebd., S. 294
27 Sylvia Plath, Die Tagebücher, a.a.O., S. 443
28 ebd., S. 372
29 Anne Stevenson, Sylvia Plath, a.a.O., S. 415
30 Sylvia Plath, Ariel, a.a.O., S. 21
31 Sylvia Plath, Briefe nach Hause, a.a.O., S. 530
32 Sylvia Plath, Die Glasglocke, a.a.O., S. 227
33 Sylvia Plath, Ariel, a.a.O., S. 175
34 ebd., S. 173

Bücher von Sylvia Plath
Ariel. Frankfurt am Main: Suhrkamp Verlag 1974
Briefe nach Hause. München, Wien: Carl Hanser Verlag 1979
Die Tagebücher. München: Piper Verlag 1999
Die Glasglocke. Frankfurt am Main: Suhrkamp Verlag 1987
Die Glasglocke. Frankfurt am Main: Fischer Taschenbuch Verlag 1998
Die Bibel der Träume. Frankfurt am Main: Fischer Taschenbuch Verlag 1998
Zungen aus Stein. München: Piper Verlag 2001
Drei Frauen/Three Women. München: Piper Verlag 1999

Bücher über Sylvia Plath
Anne Stevenson, Sylvia Plath. Frankfurt am Main: Fischer Taschenbuch Verlag
    1992
Frederik Hetmann, So leicht verletzbar unser Herz. Weinheim und Basel: Verlag
    Beltz & Gelberg 1996
Elisabeth Bronfen: Sylvia Plath. Frankfurt am Main: Frankfurter Verlagsanstalt
    1998

Bildnachweis
Sappho, S. 33: J. Paul Getty Museum of Art, Malibu/Kalifornien
Annette von Droste-Hülshoff, S. 53 und Else Lasker-Schüler, S. 127: Schiller-
    Nationalmuseum / Deutsches Literaturarchiv Marbach
Emily Dickinson, S. 91: Martha Dickinson Bianchi
Marina Zwetajewa, S. 159: Interfoto Pressebild-Agentur
Djuna Barnes, S. 213: Berenice Abbott
Sylvia Plath, S. 245: Carl Hanser Verlag, München

Ingeborg Gleichauf
Denken aus Leidenschaft
Sieben Philosophinnen und ihre Lebensgeschichte
302 Seiten, mit Fotos
ISBN 3 407 80871 2

Ein starker Wille und eine große Lust am Denken war Voraussetzung, um sich als
Frau in die von Männern beherrschte Domäne der Philosophie zu wagen. Die
sieben Philosophinnen, von deren Leben und Werk in diesem Buch erzählt wird,
entwickelten eigenwillige Ideen und bewiesen so, in welch hohem Maße Frauen die
Philosophiegeschichte beeinflusst haben.
Christine de Pizan hat im Mittelalter ein noch heute für Frauen faszinierendes
Werk, »Die Stadt der Frauen«, verfasst. **Karoline von Günderrode**, meist nur als
Lyrikerin bekannt, verband Philosophie und Poesie. **Rahel Varnhagen** pflegte
dagegen in ihrem Salon die Philosophie in Form gehobener Gespräche. **Simone
Weil** setzte ihren scharfen Verstand ein im Kampf um die Rechte der Armen und
Unterdrückten. **Edith Stein**, die als Frau nicht habilitieren durfte, resignierte
dennoch nicht. **Hannah Arendt** hat es geschafft, Denken und Handeln,
Philosophie und Politik zu vereinbaren und wurde dadurch eine der bekanntesten
Philosophinnen der Neuzeit. Und **Simone de Beauvoir** entwickelte ihre eigene,
von Sartre unabhängige Philosophie des Existenzialismus.
Sieben Frauen, die zeigen, wie faszinierend und lebendig das Philosophieren sein
kann. Ihr Beispiel macht Lust, auch das eigene Denken ernst zu nehmen.

»Ingeborg Gleichauf belegt in sieben Lebensgeschichten, die überaus packend zu
lesen sind, dass es schon sehr früh und immer wieder Frauen gab, die ohne
Philosophie nicht sein konnten.« *Welt des Kindes*

Beltz & Gelberg
Beltz Verlag, Postfach 100154, 69441 Weinheim, www.beltz.de

Magdalena Köster · Susanne Härtel (Hrsg.)
»Sei mutig und hab Spaß dabei«
Acht Künstlerinnen und ihre Lebensgeschichte
Band I. 312 Seiten, mit Fotos
ISBN 3 407 80849 6

»Mach das Beste aus dir. Sei mutig und hab Spaß dabei!« Nach dieser
Maxime der avantgardistischen Modeschöpferin **Elsa Schiaparelli** leb-
ten auch die anderen in diesem Buch porträtierten Frauen, die – jede
auf ihre Weise und in ihrem speziellen Wirkungsbereich – Geschichte
machten. Erzählt werden die Lebensgeschichten der Malerin **Suzanne
Valadon**, der Schauspielerinnen **Marlene Dietrich** und **Eleonora
Duse**, der Tänzerin **Mary Wigman**, der Schriftstellerin **Irmgard
Keun**, der Architektin **Margarete Schütte-Lihotzky** sowie der Foto-
grafin **Gisèle Freund**. Gemeinsam ist diesen Künstlerinnen ihr kämp-
ferisches Naturell. Getrieben von einer unbändigen Lebensfreude
haben sie gelernt, für ihre Rechte einzutreten.

»Ein aufschlussreiches und unterhaltsames Buch für alle,
die schon immer geahnt haben, dass es schwierig ist, als Frau
konsequent den eigenen Weg zu gehen.«
Süddeutsche Zeitung

Beltz & Gelberg
Beltz Verlag, Postfach 10 01 54, 69441 Weinheim, www.beltz.de

Susanne Härtel · Magdalena Köster (Hrsg.)
»Ich werde niemand zu Füßen liegen«
Acht Künstlerinnen und ihre Lebensgeschichte
Band II. 344 Seiten, mit Fotos
ISBN 3 407 80860 7

Porträtiert werden in dieser Anthologie acht außergewöhnliche Künstlerinnen: die Malerinnen **Gabriele Münter** und **Leonora Carrington**, die Bildhauerin **Elisabeth Ney**, die Schriftstellerinnen **Ingeborg Bachmann** und **Anna Achmatowa**, die Komponistin **Lili Boulanger**, die Chansonnière **Edith Piaf** sowie die Schauspielerin **Melina Mercouri**. In vielem mögen sich diese Frauen voneinander unterscheiden, eines aber hatten sie gemeinsam: eine starke Persönlichkeit, gestützt von dem Vertrauen in die eigenen Fähigkeiten und dem ungebrochenen Willen, an dem einmal gewählten Lebensziel festzuhalten.

»Voller Respekt sind diese Kurzbiographien geschrieben, nachfühlend und doch so zurückhaltend interpretiert, dass auch Jugendliche genügend Platz finden, um zwischen den Zeilen zu lesen.«
Die Zeit

Beltz & Gelberg
Beltz Verlag, Postfach 10 01 54, 69441 Weinheim, www.beltz.de